前言

　　日语能力考试从2010年的考试开始，改版为重视"交流能力"的考试。学习日语不仅要掌握语法、文字和词汇，而且在实际生活的各种场合中，运用语言进行交流的综合能力也很重要。基于这样的想法，能力考试的形式也发生了变化。

　　本书是从N1到N5的水平考试中，以N2的"听力"为主题所编写的。在N2的"听力"中，我们的目标是"在各种场面中，我们将练习听一些连贯性的会话以及接近现实生活中实际语速的新闻。理解会话的整个流程、内容和人物关系，意在把握会话文的要旨"。

　　因此，编写本书的目的，是不仅希望大家能在能力过级考试中合格，还希望日语学习者们，能在各种场合随心所欲地运用日语进行交流，甚至还能听懂讲演、电视剧和新闻节目中所播放出来的日语。

　　本书会与实际的能力过级考试一样，会出现一些大家没有学过的单词。跟过去的考试对策一样，不要根据能力考试级数来记忆单词，而要通过具体的文脉和场面来记忆单词，这才是"掌握和使用日语"的捷径。此外，大家还应该养成通过文脉和具体情况来推测陌生单词含义的习惯。衷心祝愿大家能够达成自己通过能力考试的过级目标。

시작하며

　　일본어 능력 시험은 2010년 제1회 시험부터「커뮤니케이션 능력」을 중시한 시험으로 거듭났습니다. 문법과 문자·어휘를 많이 아는 것만이 아니라 실제 여러 장면에서 그것을 종합적으로 사용할 수 있는 것이 중요하다는 생각에 근거한 것입니다.

　　본서는 N1에서 N5 수준 중에 N2의「듣는 것」을 테마로 작성했습니다. N2의「듣는 것」에서는「여러 장면에서 통합적인 회화와 뉴스를 자연스러운 속도에 가깝게 듣고 이야기의 흐름과 내용, 인물의 관계를 이해해 요지를 파악할 수 있다」는 것을 목표로 삼고 있습니다.

　　그러기 위해 본서는 시험에 합격하는 것만이 아니라 일본어를 배우는 여러분이 여러 장면에서 일본어를 운용해 커뮤니케이션을 할 수 있어지고 나아가 강연이나 드라마, 뉴스 등의 일본어도 이해할 수 있게 되는것을 목표로 삼고 있습니다.

　　본서에는 시험에서와 마찬가지로 여러분이 모르는 단어도 나옵니다. 지금까지의 시험 대책처럼 수준에 맞춰 단어를 외우는 것이 아니라 장면에 맞춰 외워가는 것이「사용할 수 있는 일본어」로의 지름길입니다. 또한 모르는 단어의 의미를 문맥이나 상황으로부터 추측하는 힘도 길러 주십시오. 본서가 여러분의 목표달성에 도움이 되면 기쁘겠습니다.

もくじ
Contents／目录／목차

PART 1　実戦練習・・・・・・・・・・・・・・・・・・・・・・・ 15
Practice exercises／实战练习／실전연습

日本語能力試験問題集

The Workbook for the Japanese Language Proficiency Test

N2 聴解

スピードマスター

Quick Mastery of N2 Listening

N2 听力 迅速的学得

N2 청해 스피드 마스터

棚橋明美・杉山ますよ・野原ゆかり　共著

Jリサーチ出版

はじめに

　日本語能 力 試験は2010年第 1回試験より、「コミュニケーション能力」を重視した試験に生まれ変わりました。文法や文字・語彙についてたくさん知っているだけでなく、実際のさまざまな場面でそれらを総合的に使えることが大切だという考えに基づいています。

　本書は、N 1からN 5のレベルのうち、N 2の「聞くこと」をテーマに作成しました。N 2の「聞くこと」では、「さまざまな場面で、まとまりのある会話やニュースを自然に近いスピードで聞き、話の流れや内容、人物の関係を理解し、要旨を把握することができる」ということが目標とされます。

　そのため本書は、試験に合格するばかりでなく、日本語を学ぶ皆さんが、さまざまな場面で日本語を運用してコミュニケーションをとることができ、さらに講演やドラマ、ニュースなどの日本語も理解できるようになることをめざしています。

　本書の中には、試験同様、皆さんのわからない言葉も出てきます。これまでの試験対策のように、レベルに合わせて言葉を覚えるのではなく、場面に合わせて覚えていくことが、「使える日本語」への近道です。また、知らない言葉の意味を文脈や状況から推測する力も養ってください。本書が皆さんの目 標 達成のお役に立てれば幸いです。

棚橋明美・杉山ますよ・野原ゆかり

Preface

　As of 2010, the Japanese Language Proficiency Test (JLPT) has been revised to place greater emphasis on communicative competence. This change was made because effective communication requires more than just ample knowledge of grammar, characters, and vocabulary—it also involves the ability to comprehensively apply that knowledge to a variety of real-life situations.

　This book focuses on building listening comprehension skills at the N2 level of the revised JLPT's five levels (N1–N5). The listening section of the N2 test presents coherent conversations, news reports, and other oral material that is spoken at a nearly natural speed and involves various situations. To pass this level, one must be able to comprehend the flow and content of the oral material, identify the relationships among the people involved, and pick out the essential points.

　In addition to enhancing listening skills for passing tests, this book also aims at helping Japanese language learners gain the abilities needed to communicate effectively in Japanese in various settings, and to understand the Japanese spoken in lectures, TV dramas, news reports, and so forth.

　Like the JLPT, this book presents various words and phrases that may be unfamiliar to you. However, as you probably have experienced in your own test preparations, learning expressions in the context of specific situations is a quicker way to master practical, usable Japanese than is memorizing only expressions set at a particular test level. Also, be sure to work on increasing your power to deduce the meaning of unfamiliar expressions from their context. We hope that this book will help you to achieve your Japanese learning goals.

日本語能力試験と聴解問題

●目的：日本語を母語としない人を対象に、日本語能力を測定し、認定すること。
　　　　※課題遂行のための言語コミュニケーション能力を測ることを重視。

●試験日：年2回（7月、12月の初旬の日曜日）

●レベル：N5（最もやさしい）→　N1（最もむずかしい）

N1：幅広い場面で使われる日本語を理解することができる。

N2：日常的な場面で使われる日本語の理解に加え、より幅広い場面で使われる日本語をある程度理解することができる。

N3：日常的な場面で使われる日本語をある程度理解することができる。

N4：基本的な日本語を理解することができる。

N5：基本的な日本語をある程度理解することができる。

レベル	試験科目	時間	得点区分	得点の範囲
N1	言語知識（文字・語彙・文法）・読解	110分	言語知識（文字・語彙・文法）	0〜60点
			読解	0〜60点
	聴解	60分	聴解	0〜60点
N2	言語知識（文字・語彙・文法）・読解	105分	言語知識（文字・語彙・文法）	0〜60点
			読解	0〜60点
	聴解	50分	聴解	0〜60点
N3	言語知識（文字・語彙）	30分	言語知識（文字・語彙・文法）	0〜60点
	言語知識（文法）・読解	70分	読解	0〜60点
	聴解	40分	聴解	0〜60点
N4	言語知識（文字・語彙）	30分	言語知識（文字・語彙・文法）・読解	0〜120点
	言語知識（文法）・読解	60分		
	聴解	35分	聴解	0〜60点
N5	言語知識（文字・語彙）	25分	言語知識（文字・語彙・文法）・読解	0〜120点
	言語知識（文法）・読解	50分		
	聴解	30分	聴解	0〜60点

※N1・N2の科目は2科目、N3・N4・N5は3科目

●認定の目安：「読む」「聞く」という言語行動でN5からN1まで表している。

●合格・不合格：「総合得点」と各得点区分の「基準点（少なくとも、これ以上が必要という得点）」で判定する。

☞くわしくは、日本語能力試験のホームページ〈http://www.jlpt.jp/〉を参照してください。

N2のレベル

日常的な場面で使われる日本語の理解に加え、より幅広い場面で使われる日本語をある程度理解することができる。

	N2のレベル
読む	●幅広い話題について書かれた新聞や雑誌の記事・解説、易しい評論など、論旨が分かりやすい文章を読んで文章の内容を理解することができる。 ●一般的な話題に関する読み物を読んで、話の流れや言いたいことを理解することができる。
聞く	●日常的な場面に加えて幅広い場面で、自然に近いスピードの、まとまりのある会話やニュースを聞いて、話の流れや内容、登場人物の関係を理解したり、言いたいことを理解したりすることができる。

聴解問題の内容

N2聴解の問題構成				
		大問	小問数	ねらい
聴解	1	課題理解 ◇	5	まとまりのあるテキストを聞いて、内容が理解できるかどうかを問う（具体的な課題解決に必要な情報を聞き取り、次に何をするのが適当かを理解できるかを問う）。
	2	ポイント理解 ◇	6	まとまりのあるテキストを聞いて、内容が理解できるかどうかを問う（前もって示されている聞くべきことを、ポイントを理解して聞くことができるかを問う）。
	3	概要理解 ◇	5	まとまりのあるテキストを聞いて、内容が理解できるかどうかを問う（テキスト全体から、話者の意図や主張などが理解できるかを問う）。
	4	即時応答 ◆	12	質問などの短い発話を聞いて、適切な応答が選択できるかを問う。
	5	統合理解 ◇	4	長めのテキストを聞いて、複数の情報を比較・統合しながら、内容が理解できるかを問う。

◆以前の試験では出されていなかった、新しい問題形式のもの。
◇以前の試験の問題形式を引き継いでいるが、形式に部分的な変更があるもの。

※小問の数は変わる場合もあります。

この本は以下の4つのパートに分かれています。
This book is divided into the following 4 parts.／本书分为以下4部分。／이 책은 이하의 4개의 부분으로 나누어져 있습니다.

❶ ウォーミングアップ──キーワードを覚えよう

Warming up ── Learning Key Words／
准备活动─记住关键词吧／워밍업─키워드를 외우자

序章では、問題練習を始める前の準備として、聴解問題の中で使われる可能性のある言葉やフレーズをリストアップしました。これらキーワードを各場面としっかり結びつけて覚えることが、得点アップにつながります。

The introductory section to this book gets you ready for the practice problems that come later by presenting a list of words and phrases that are likely to appear in JLPT listening comprehension problems. By mastering these expressions in their situational contexts, you can increase your potential to earn a higher score on the JLPT.／在序章中做正式练习之前，我们会做一些准备活动。文中将会列举出听力问题里有可能出现的单词、短语和句型。将这些关键词与各种场面紧密联系进行记忆，会提高我们能力考试的成绩。／
서장에서는 문제 연습을 시작하기 전 준비로 청해 문제에서 사용될 가능성이 있는 말이나 문장을 리스트업했습니다. 이들 키워드를 각 장면과 제대로 연결해 외우는 것이 득점으로 연결됩니다.

❷ PART 1　実戦練習

Practice exercises／实践练习／실전연습

問題を実際にやってみることで、傾向や特徴をつかむことができます。

By trying your hand at actual exercises, you will be able to grasp trends and understand the distinct features of the test questions.／通过实际做题，能够把握规律和特征。／문제를 실제로 풀어 보는 것으로 경향과 특징을 파악할 수 있습니다.

●問題1（課題理解 Understanding the topic／理解题目／과제이해**）**
**　　問題2（ポイント理解** Understanding the main points／理解关键点／포인트이해**）**
質問が読まれてから会話を聞きます。質問は、問題1では「この人はこのあと何をするか」を問うものが多く、問題2では5W1H（誰、どこ、何、いつ、なぜ、どうやって）が中心です。質問に関係ない部分はわからなくても気にせず、大切なところをしっかり聞き取りましょう。

You will hear the conversation after the questions have been read. Question 1 will often ask things like "What will this person do after this?", while Question 2 will consist mainly of who, what, where, when, why or how questions. Don't worry about the irrelevant parts, even if you don't understand them.／问题被读出后听会话。在问题1中，多是提问"这个人在这之后要做什么？"问题2的重点是5W1H(谁、哪里、什么、何时、为什么、怎么做)。即使没听不明白听力中与问题无关的部分，我们也不要着急担心。只要听懂重要的地方就可以了。／ 질문을 읽고 나서 회화를 듣습니다. 질문은 문제 1 에서는 "이 사람은 이다음에 무엇을 할까"를 묻는 것이 많고, 문제 2 에서는 5 W 1 H 누가, 어디에서, 무엇을, 언제, 왜 했는가 가 중심입니다. 질문과 관계없는 부분은 모르더라도 신경을 쓰지 말고 중요한 곳을 제대로 들읍시다.

●問題3（概要理解 Understanding the gist of the passage／理解概要／개요이해**）**
会話のあとに質問が読まれるので、しっかりメモを取って、全体を理解しなければいけません。

Since the questions are given at the end of each conversation, you need to take notes during the conversation and get a grasp on everything spoken.／听完会话之后，问题会被提出。大家应该认真记下要点，理解问题的整体含义。／회화 다음에 질문을 읽으니까 제대로 메모를 하여 전체를 이해하지 않으면 안 됩니다.

●問題4（即時応答 Responding in real time／速答／즉시 응답**）**
問題4では「人から何か言われたときに、どんな答え方がいいか」を問います。

Question 4 tests your ability to determine the appropriate response to something asked or stated.／问题4中，问的是"别人说自己什么的时候，用怎样的回答方式比较好"。／문제 4에서는「다른 사람이 무엇인가 물었을 때, 어떻게 대답하는 것이 좋은지」를 묻습니다.

●問題5（統合理解 Integrated Comprehension／综合理解／총합이해**）**
「長めのテキストを聞いて、いくつかの情報を比べたり結びつけたりしながら、内容が理解できるか」ということが問われます。質問が読まれるのは会話の後です。3人の人が話す場合もあり、また、１つのテキストについて２つの質問がされる場合もあります。

This type of problem tests your ability to understand the content of somewhat lengthy audio passages that require you to compare various bits of information or draw links between them. The questions come at the end of each conversation. In some cases, the conversation may involve three speakers, and two questions may be asked about a single conversation.／重点是"听取一长段的听力内容后，比较和联系各方面的信息，看是否能够理解所听到的内容"。本段听力会话结束后，问题会被提出。有时会会被问及到关于三个人的会话以及关于某段课文内容等两方面的问题。／「긴 텍스트를 듣고 몇 가지 정보를 비교하거나 연결시키면서 내용을 이해할 수 있는가」가 물어집니다. 질문을 읽는 것은 회화의 다음입니다. 세 사람이 말하거나 하나의 텍스트에 2가지 질문이 있는 때도 있습니다.

❸ PART 2　模擬試験（２回分）
Mock examinations (two exams)／模拟考试(分2次)／모의테스트(2 회분)

本番のつもりで、最後までやってみましょう。もう一度同じようにやってから答え合わせをすると、より効果的です。

Please complete the entire exam just as if it were the real thing. This practice will be more effective if you answer together after doing the exam one more time in the same way.／当作是真正的考试，坚持做到最后。如果同样再做一次后对答案，效果更好。／실제 시험이라고 생각하고 마지막까지 해 봅시다. 다시 한번 같은 방법으로 풀고 답을 맞히면 보다 효과적입니다.。

❹ 別冊
Appendix／附册／별책

スクリプトを見ながら、確認と復習をしておきましょう。

Check your answers and revise what you have learnt while looking at the script.／一边看听力资料，一边确认和复习。／스크립트를 보면서 확인과 복습을 해 둡시다.

CD の内容
Contents of the CD／CD的内容／CD의 내용

〈DISK 1〉
●PART 1　実戦練習　問題１〜２
Practice exercises／实战练习／"실전연습"

〈DISK 2〉
●PART 1　実戦練習　問題３〜５
Practice exercises／实战练习／"실전연습"

本試験に合わせた問題が94題 収録されています。

Contains 94 questions modeled after the actual exam.／收录了94道和实际考试难度相当的问题。／본 시험에 맞춘 문제가 94 문제가 수록되어 있습니다.

〈DISK 3〉
●PART 2　模擬試験
Mock examinations／模拟考试／"모의시험"

本試験と同じ形式、同じ数の模擬試験が２回分 収録されています。

Contains 2 mock exams with the same format and number of questions as the real test.／收录了2套和实际考试形式相同、题量相同的模拟考试题。／본 시험과 같은 형식, 문제수의 모의시험이 2 회분 수록되어 있습니다.

※ 問題によって、ポーズ（音のない時間）の長さが実際の試験より若干短い場合があります。
Depending on the type of problem, the pauses in the practice audio material may be slightly shorter than those in the actual JLPT.／根据某些练习题目具体情况，暂停(没有声音的时间)的时间有时候会比实际考试中出现的停顿时间更短。／문제에 따라 포즈의 길이가 실제 시험보다 약간 짧을 수도 있습니다.

問題を始める前に少し準備のための練習をします。聴解問題でよく出てくる言葉、出てきそうな言葉を取り上げましたので、意味を確認しながら、声に出して読んでいってください。声に出して読むことで、その言葉の音をよりしっかりと、とらえることができます。

時間 Time／时间／시간

□ **第～曜日** 1st／2nd／3rd／4th ～day／第～星期几／제～요일
この美容院は毎週火曜と第三水曜が定休日です。

□ **平日** weekday／平时／평일

□ **休日** holiday／休息日／휴일
平日は毎日遅くまで働いているから、休日ぐらいのんびりしたい。

□ **祝日** holiday／节日／축일
日曜・祝日は２割引きになります。

□ **上旬・中旬・下旬・初旬** early／mid-／late early part of month／上旬・中旬・下旬・上旬／상순・중순・하순・초순
３月下旬から４月上旬が、花見のシーズンです。

□ **正午** noon／正午／정오

□ **週末・月末** weekend, the end of the month／周末・月末／주말・월말

□ **先日** the other day／前几天／일전
あのう、先日お願いした件は、どうなりましたか。

□ **本日** today／今天／오늘

□ **営業時間** business hours／营业时间／영업시간
お店の営業時間は、午前９時から午後７時までだそうです。

□ **定休日** regular holiday／定期休息日／정휴일

□ **休業日** days closed／休息日／휴업일

□ **年末年始** year-end and New Year's holidays／年初年末／연말연시

□ **最終日** last day／最后一天／최종일

□ **休館日** days closed／休馆日／휴관일
図書館に行こうと思ったら、休館日だった。

□ **日帰り** day trip／当天回来／당일치기 나들이

□ **～泊** ～night stay／几晚／～박

□ **臨時** temporary, special／临时／임시

□ **当日** the day (of some event)／当天／당일
試験当日は、少し早めに起きてください。

□ **日程** schedule／日程／일정

□ **翌～** the next ～／下一(天)、次(日)／다음～
翌日、翌週、翌朝

□ **ずらす** to push back (the date)／错开／위치나 시간을 옮기다
その日は用事があるので、一日ずらしてもらえませんか。

□ **スケジュール** schedule／日程／스케줄

□ **変更** change／变更／변경

□ **～まで** until ～／～为止／～까지
申し込みは、出発の３日前まで受け付けます。

□ **～までに** by ～／～之前／～까지
予約の変更は、必ず出発の１週間前までにお知らせください。

場所・位置・方向 Place, location, direction／场所・位置・方向／장소・위치・방향

□ **窓口** (service) counter／window／窗口／창구

□ **カウンター** counter／柜台／카운터
〈店の人〉テーブル席とカウンター席がございますが。

□ **コーナー** corner／角落／코너
雑誌のコーナー、ペット用品のコーナー

□ **センター** center／中心／센터
駅の南側に大きなショッピングセンターができるそうです。

□ **隅** corner／角落／구석
部屋の隅は、ほこりがたまりやすい。

□端（はし）　edge ／一端、头／끝
□手前（てまえ）　before, this side of ／（自己的）面前／앞
コンビニの手前を右に曲がってください。
□向かい（むかい）　across from ／对面／건너편
お店は、ABC銀行の向かいにあります。
□角（かど）　corner ／角落／모서리
□四つ角（よつかど）　crossroads, street corner ／十字路口、交叉点／네거리
□交差点（こうさてん）　crossing ／十字路口、交叉点／교차점
□通り過ぎる（とおりすぎる）　to go past ／通过、走过／지나다
お寺を通り過ぎると、茶色い大きなビルが見えます。
□〜に面した（めんした）　facing 〜／面向〜／〜에 면하다
東京湾に面したところに住んでいます。
□向かって右（むかってみぎ）　on your right ／对面右边／향해서 오른쪽
正面から見て、向かって右に受付があります。
□右手・左手（みぎて・ひだりて）　left/right side ／右边・左边／오른쪽・왼쪽
右手に見えるのが、東京タワーです。
□中心（ちゅうしん）　center ／中心／중심
駅を中心に、住宅地が東西に広がっています。

□ななめ　catercorner, diagonal ／斜面／비스듬함
私の家は、郵便局のななめ前です。
□表・裏（おもて・うら）　front / back ／正面・反面／바깥・안
夜間は表玄関が閉まっていますので、裏からお入りください。
□正面（しょうめん）　front ／正面／정면
正面玄関のロビーでお待ちください。
□突き当たり（つきあたり）　end ／尽头／막다른 곳
このろうかの突き当たりが社長室です。
□中央（ちゅうおう）　center ／中央／중앙
部屋の中央に大きなテーブルがあります。
□反対（はんたい）　objection ／相反／반대
□逆（ぎゃく）　reverse ／相反、反过来／거꾸로
□〜側（がわ）　〜side ／〜側／〜측
□〜口（ぐち）　〜exit ／〜口／〜구
北口、中央口、正面口、改札口
□地下（ちか）　basement ／地下／지하
□通路（つうろ）　passage ／道路／통로
通路に物を置かないでください。
□倉庫（そうこ）　warehouse ／仓库／창고

交通（こうつう）　Traffic ／交通／교통

□乗り場（のりば）　boarding area, platform, taxi stand ／车站／승차장
□切符売り場（きっぷうりば）　ticket office / machines ／售票处／매표소
□〜方面（ほうめん）　toward 〜／〜方向／〜방면
東京方面行きの乗り場
□〜行き（ゆき）　bound for 〜／去〜／〜행
□停車（ていしゃ）　stop ／停车／정차
この先、京都、新大阪の順に停車いたします。

□乗り越す（のりこす）　to ride past (one's stop) ／坐过站／타고 가다 하차역을 지나치다
□渋滞（じゅうたい）　traffic jam ／堵车／정체
□各駅停車（かくえきていしゃ）　local train ／慢车／각역정차
新宿で各駅に乗り換えてください。
□〜経由（けいゆ）　via 〜／经过／경유
バンコク経由成田行き
□本数（ほんすう）　number of bus / train runs per day ／车的趟数／개수
この辺は田舎だから、電車の本数が少ない。

時間に関する副詞（じかんにかんするふくし）　Time-related adverbs ／关于时间的副词／시간에 관한 부사

□至急（しきゅう）　immediately ／赶紧、赶快／급한
メールを読んだら、至急お返事をください。
□なるべく早く（はやく）　as soon as possible ／尽量早／가능한 빨리
出発まであまり時間がないので、なるべく早く来てください。

□もうすぐ　soon ／快了／이제 곧
もうすぐ試験だね。がんばらないと。
□今回（こんかい）　this time ／这次／이번
□次回（じかい）　next time ／下次／다음번
今回はだめでしたが、次回はがんばります。

□**今度** this time ／下次／이번
今度の試合はどこでやるんですか。

□**遅刻する** to be late ／遅到／지각하다
□**間に合う** to be in time ／赶上／시간에 대다
□**そろそろ** soon, before long ／安静而缓慢地、徐
徐地／슬슬
もう遅いので、そろそろ失礼します。

□**しばらく** for a while ／暂时、不久／잠시
しばらく会わないうちに、大きくなったね。
□**〜年ぶり** ~years since the last time ／隔了~年／~년 만
「山田さん、久しぶり」「うん。3年ぶりだね」

条件 Condition ／条件／조건

□**〜以内** within ~ ／〜以内／〜이내
1週間以内なら、返品することができます。

□**〜以前・〜以後** before ~, after ~ ／〜以前・
〜以后／〜이전・〜이후

□**〜以降** after ~ ／〜以后／〜이후
来月以降、料金が値上げになります。

□**〜以上** more than ~ ／〜以上／〜이상
70歳以上の人は無料です。

□**〜以下** ~and under / less ／〜以下／〜이하
1万円以下で、いいホテルはないですか。

□**〜未満** under ~ ／未满~／〜미만
18歳未満の人は、入場できません。

□**期間** period ／期间／기간
□**期限** deadline ／期限／기한
□**時給** hourly wage ／计时工资／시급

□**資格** qualification ／资格／자격
□**内容** contents ／内容／내용
□**経験** experience ／经验／경험
彼には長年の経験があります。／未経験

□**〜限り** limited to ~ ／限于~／〜한정
本日限りでサマーセールは終了します。

□**〜に限り** limited to ~ ／仅限~／〜에 한정
土日は、女性に限り、半額といたします。

□**給料** salary ／工资／급료
□**定員** capacity ／定员／정원
□**応募** application ／应征／응모
□**履歴書** resume ／履历书／이력서
□**〜の上** after ~ ／〜之后／〜상
まず、電話連絡の上、履歴書をお送りください。

手続き Procedure ／手续／수속

□**問い合わせ** inquiry ／询问、打听／문의
問い合わせ先は、下のほうに書いてあります。

□**資料** document ／资料／자료
□**申し込む** to apply ／申请／신청하다
□**申込書** application ／申请书／신청서
□**キャンセル** cancellation ／取消／취소
□**記入する** to fill out ／填入／기입하다
こちらにお名前をご記入ください。

□**連絡先** address ／联系地址／연락처
□**身分証明書** identification card ／身份证／신분증명서
□**学生証** student identification card ／学生证／학생증

□**（運転）免許証** driver's license ／驾驶执照／
运转面허증
□**印鑑** personal seal ／印章／인감
□**判子** stamp ／图章／도장
ここに判子を押せばいいんですね。

□**会員** member ／会员／회원
会員向けのサービス

□**入会** enrollment ／入会／가입
□**退会** withdrawal ／退会／탈퇴
入会の手続き

イベント　Event ／活动／이벤트

□ **開催**（かいさい）　holding ／召开、举办／개최
次（つぎ）の大会（たいかい）はシンガポールで開催されます。

□ **実施**（じっし）　enforcement ／实施／실시
来週（らいしゅう）、説明会（せつめいかい）を実施（じっし）します

□ **中止**（ちゅうし）　cancellation ／中止／중지

□ **延期**（えんき）　postponement ／延期／연기

□ **期間**（きかん）　period ／期间／기간

□ **会場**（かいじょう）　venue ／会场／회장
じゃあ、待（ま）ち合（あ）わせは会場（かいじょう）の入（い）り口（ぐち）ね。

□ **来場**（らいじょう）　arrival ／来到会场／오심
ご来場（らいじょう）の皆様（みなさま）にお知（し）らせいたします。

□ **〜展**（てん）　exhibition of 〜 ／〜展览／〜전
写真展（しゃしんてん）、作品展（さくひんてん）、ピカソ展（てん）

商品（しょうひん）・サービス　Product, service ／商品・服务／상품・서비스

□ **パンフレット**　brochure ／手册／팸플릿

□ **カタログ**　catalogue ／商品目录／목록

□ **説明書**（せつめいしょ）　manual ／说明书／설명서

□ **マニュアル**　manual ／手册、指南／매뉴얼

□ **相談窓口**（そうだんまどぐち）　inquiry counter ／咨询处／상담창구

□ **サポートセンター**　support center ／支援中心／지원센터

□ **対応**（たいおう）　response, handling ／处理／대응
この店（みせ）、店員（てんいん）の対応（たいおう）が良（よ）くないよね。

□ **クレーム**　claim ／索赔、申诉／클레임

□ **不良品**（ふりょうひん）　defective item ／不良商品／불량품

□ **返品**（へんぴん）　returning an item ／退货／반품

□ **領収書**（りょうしゅうしょ）／**領収証**（りょうしゅうしょう）　receipt ／发票／영수증

□ **レシート**　receipt ／收据／영수증

□ **修理**（しゅうり）　repair ／修理／수리

□ **新品**（しんぴん）　brand-new item ／新商品／신품

□ **中古**（ちゅうこ）　used ／旧货／중고

□ **商品**（しょうひん）　product ／商品／상품

□ **見本**（みほん）　sample ／样品、货样／견본

□ **サンプル**　sample ／样品、货样／샘플

□ **品物**（しなもの）　article ／物品／물건

□ **売り切れ**（うりきれ）　be sold out ／销售一空／매진

□ **満席**（まんせき）　all seats are taken ／满座／만석
すみません。ただ今（いま）満席（まんせき）なんですが……。

□ **払い戻し**（はらいもどし）　refund ／退还／환불
チケットの払（はら）い戻（もど）しはできるんでしょうか。

□ **注文**（ちゅうもん）　order ／订购／주문

□ **在庫**（ざいこ）　stock ／库存／재고
在庫（ざいこ）を確認（かくにん）しますので、少々（しょうしょう）お待（ま）ちください。

□ **取り寄せる**（とりよせる）　to order / send for (an item) ／让寄来／주문해서 가져오게 하다
赤（あか）は在庫切（ざいこぎ）れで、お取（と）り寄（よ）せになりますが。

□ **限定**（げんてい）　limitation ／限定／한정
期間限定（きかんげんてい）の商品（しょうひん）

お金（かね）　Money ／钱／돈

□ **料金**（りょうきん）　fee, fare ／使用费／요금
郵便料金（ゆうびんりょうきん）、レンタル料金（りょうきん）

□ **有料**（ゆうりょう）　fee required ／收费／유료

□ **無料**（むりょう）　free of charge ／免费／무료

□ **費用**（ひよう）　expense ／费用／비용

□ **金額**（きんがく）　amount of money ／金额／금액
こちらに振込金額（ふりこみきんがく）をお書（か）きください。

□ **〜料**（りょう）　〜fee／〜费／〜료
使用料（しようりょう）、授業料（じゅぎょうりょう）、入場料（にゅうじょうりょう）

□ **〜代**（だい）　〜charge, 〜bill／〜费／〜대
電気代（でんきだい）、水道代（すいどうだい）、チケット代（だい）、修理代（しゅうりだい）

□ **〜費**（ひ）　〜expense ／〜费／〜비
食費（しょくひ）、生活費（せいかつひ）、学費（がくひ）、交通費（こうつうひ）、会費（かいひ）

□ **値上げ**（ねあげ）　raise in price ／涨价／가격 인상
来月（らいげつ）から家賃（やちん）が値上（ねあ）げになる。

□ **値下げ**（ねさげ）　reduction in price ／减价／가격 인하
セール最終日（さいしゅうび）には、さらに値下（ねさ）げいたします。

□ **定価**（ていか）　list price ／定价／정가

□ 消費税　consumption tax ／消费税／소비세
□ ～込み　including ～／含～／～포함
　消費税込みで5000円
□ 全額　total amount ／全部金额／금액
□ 半額　half-price ／半额／반액
□ セール　sale ／贱卖／세일

□ ～引き　～discount ／减去～／～할인
　社員なら、20パーセント引きで買える。
□ 割引　discount ／打折／할인
　セール品はすべて2割引です。
□ お得　money-saving, a (good) deal ／合算、有利／이익
　今買うとお得ですよ。

仕事・勉強 Work, learning ／工作・学习／일・공부

□ 休憩　break ／休息／휴식
□ 残業　overtime work ／加班／잔업
□ 打ち合わせ　meeting ／商讨／미리 상의함
□ ミーティング　meeting ／会议／미팅
□ 伝言　message ／传话、带口信／전언
□ 書類　documents ／文件／서류
□ そろえる　to put together ／备齐／갖추다
　明日までに資料をそろえてください。
□ 直す　to correct, repair ／纠正／고치다

□ 調査　investigation ／调查／조사
□ 提出　submission ／提出／제출
□ 管理する　to manage ／管理／관리하다
□ 確認する　to confirm ／确认／확인하다
□ 課題　issue, challenge ／课题／과제
□ 評価　evaluation ／评价／평가
□ 成績　results ／成绩／성적
□ 単位　unit ／学分／단위
　4年間で150単位を取らなければなりません。

生活 Life ／生活／생활

□ 家賃　rent ／房租／집세
□ ワンルーム　one-room / studio apartment ／单间／원룸
□ 南向き　south-facing ／朝南／남향
□ 徒歩　walking, on foot ／步行／도보
　私の家は、駅から徒歩5分のところにあります。
□ リサイクル　recycling ／再利用／리사이클
□ 分別　sorting ／分类收集／분별
　ごみの分別の仕方は、その紙に書いてあります。

□ 配達　delivery ／配送／배달
□ 送料　postage ／运费／송료
□ 届ける　to send ／送到／배달하다
　これを明日の午前中に届けてもらえますか。
□ 届く　to arrive ／送达／배달되다
□ 着く　to arrive ／到达／도착하다
　夕方までに出せば、明日までに着くと思う。

慣用句 Idiom ／惯用句／관용구

□ 頭の痛い　to be vexing ／伤脑筋／머리가 아프다
　これは頭の痛い問題だね。
□ 目を通す　to scan through ／看一遍／훑어보다
　会議の前に、一度書類に目を通しておいて。
□ 目に浮かぶ　to imagine, to picture ／浮现在眼前／
　눈에 떠오르다
　先生の心配そうな顔が目に浮かぶよ。
□ 口を出す　to butt in, to interfere ／插嘴／말참견하다
　関係がないのに、口を出さないでほしい。

□ 腹を立てる　to get angry ／发怒／화를 내다
　そんなことで腹を立てないでください。
□ 手が離せない　to be busy / tied up ／繁忙／손을
　뗄 수 없다
　手伝いたいけど、今、手が離せないんだよ。
□ 気にする　to mind ／担心、挂念／신경을 쓰다
　もう終わったことだから、気にするなよ。
□ 気になる　to worry, to be interested in ／担心、忧
　虑、介意／신경이 쓰이다
　試合の結果が気になる。

実戦練習
<ruby>じっせんれんしゅう</ruby>

Practice exercises
实战练习实战练习
실전연습

問題1

問題1では、まず質問を聞いてください。それから話を聞いて、問題用紙の1から4の中から、正しい答えを一つ選んでください。

1番

1　新宿に行く

2　ガイドブックを探す

3　高尾山に登る

4　ハイキングに行く

2番

1　和太鼓を見学をする

2　和太鼓の体験レッスンを受ける

3　スポーツクラブに入る

4　薬局に行く

3番

1　車

2　新幹線

3　飛行機

4　船

4番

CD1 4

課題理解（かだいりかい）
Understanding the topic /
理解題目 / 과제이해

ポイント理解

概要理解

即時応答

統合理解

ア

イ

ウ

エ

オ

1　ア、ウ、エ

2　イ、ウ、エ

3　ア、エ、オ

4　イ、エ、オ

5番

1　『地球の未来』の上巻

2　『地球の未来』の上巻と下巻

3　『世界を破壊する』の上巻

4　『世界を破壊する』の上巻と下巻

6番

1　電話で

2　ファックスで

3　メールで

4　インターネットで

7番

1　月曜日

2　火曜日

3　木曜日

4　金曜日

8番

課題理解 Understanding the topic /
理解題目 / 과제이해

ポイント理解

概要理解

即時応答

統合理解

ア　　　　　　　　　　イ

ウ

1　ア→イ→ウ

2　イ→ウ→ア

3　ウ→ア→イ

4　ウ→イ→ア

9番

1　2300円

2　2500円

3　2700円

4　2900円

10番

1　カウンター席に座る

2　テーブル席に座る

3　テーブル席に移動する

4　カウンター席に移動する

11番

1　「担当者は検討中」と書き加える

2　「候補者は検討中」と書き加える

3　候補者の名前を消す

4　担当者の名前を消す

12番

ア

イ

ウ

エ

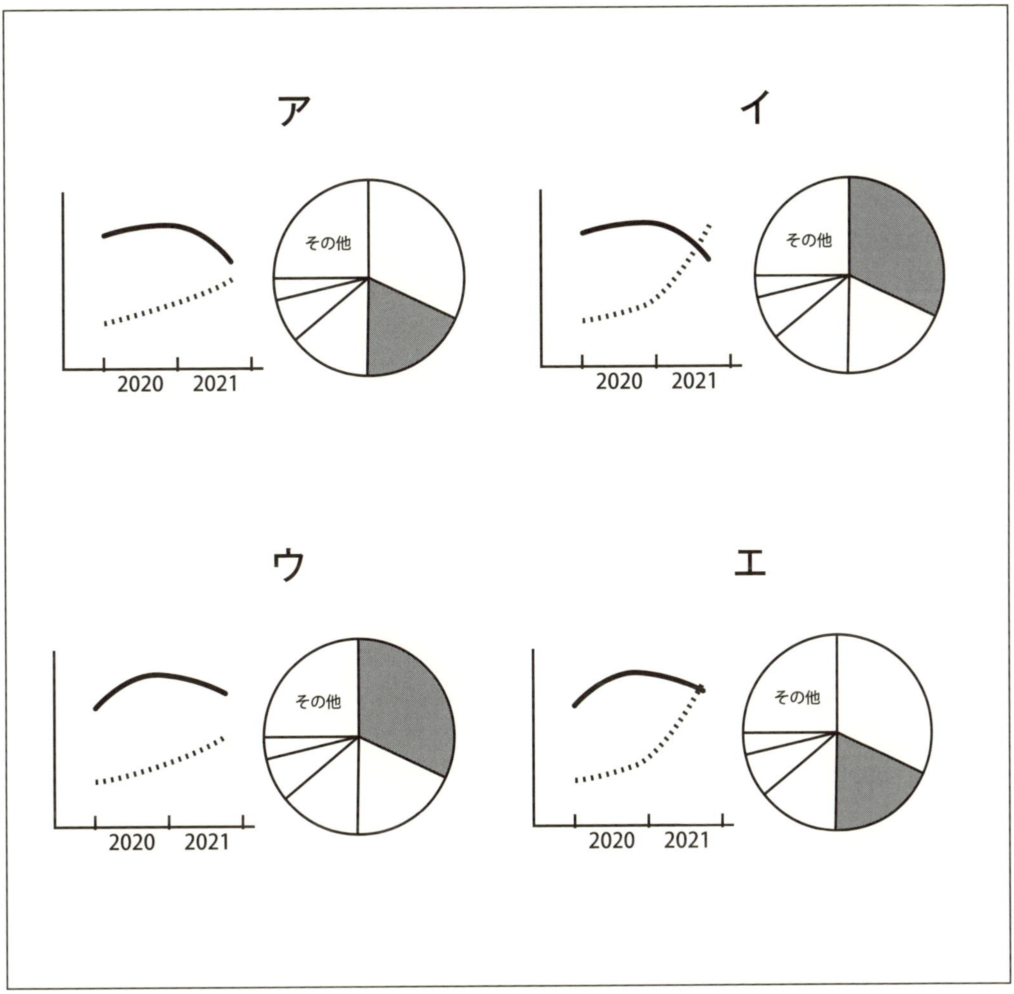

1　ア

2　イ

3　ウ

4　エ

13 CD1 **13番**

1 学校のパソコンから、先生にファイルを送る

2 学校のパソコンから、大学院にファイルを送る

3 大学院に研究計画書を出す

4 先生に研究計画書の相談をする

14 CD1 **14番**

1 担当者の携帯電話に連絡する

2 はやぶさ運輸のセンターに電話する

3 自動受付の番号に電話する

4 インターネットで申し込む

15 CD1 **15番**

1 会議の資料を修正する

2 男の人に資料を見せる

3 会議に出席する人にメールを送る

4 ほかの会議室が空いてないか、確認する

16番（ばん）

16 CD1

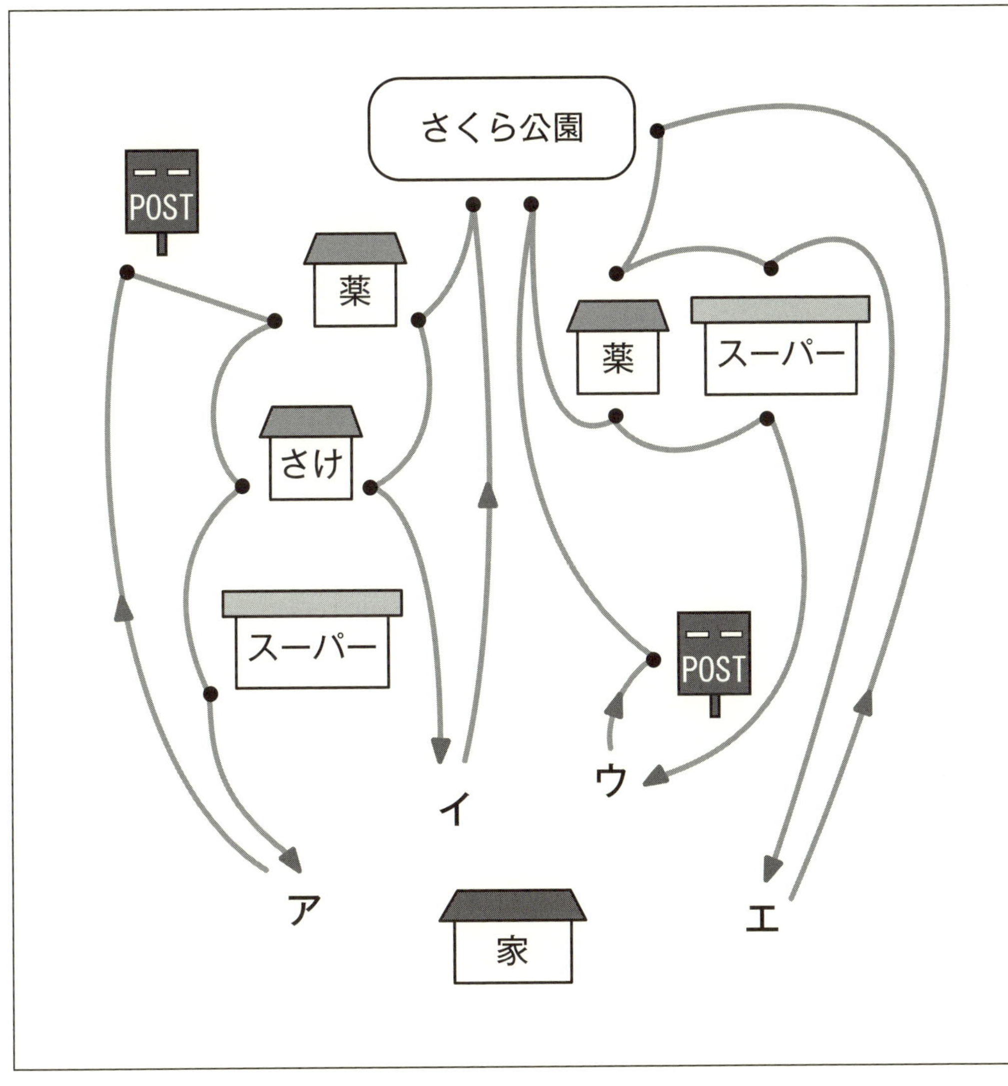

1　ア
2　イ
3　ウ
4　エ

17番

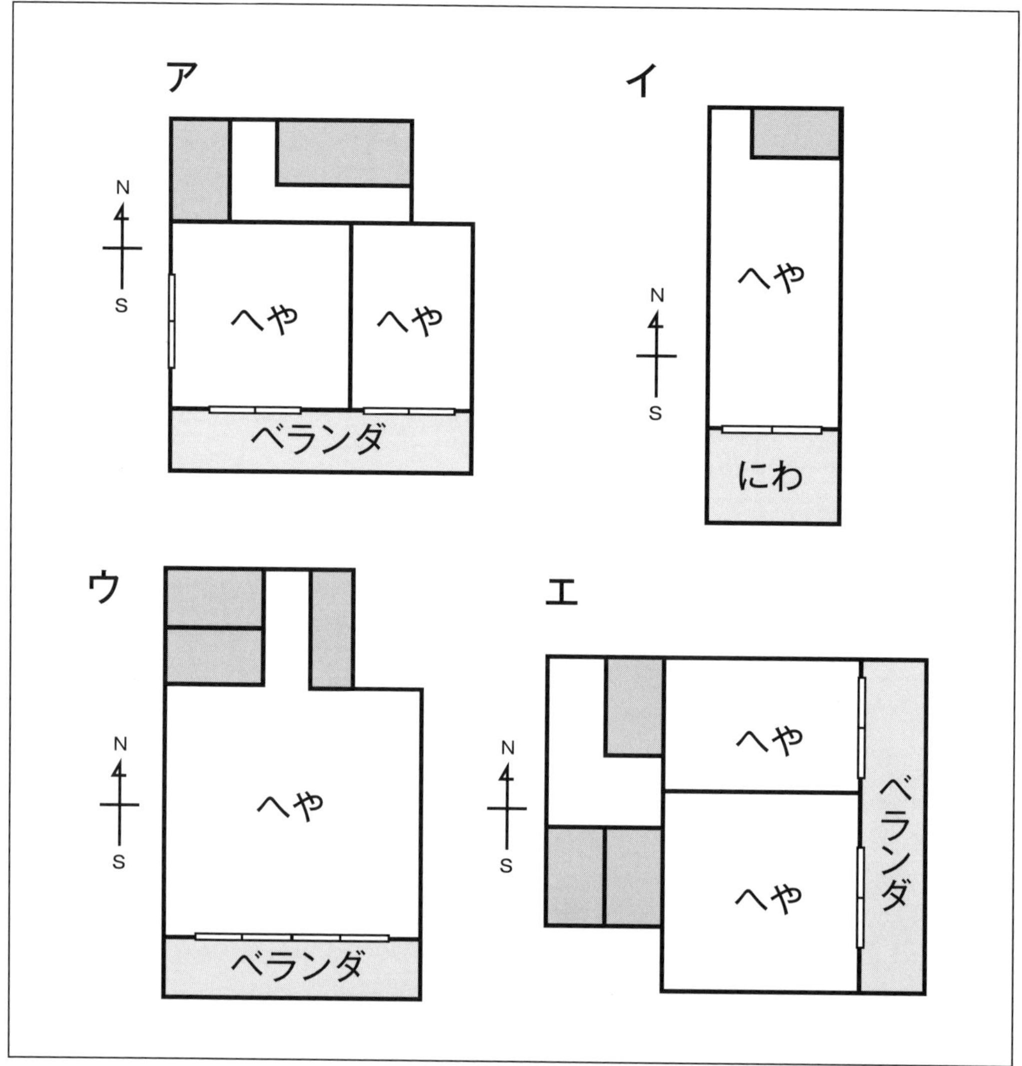

1　ア

2　イ

3　ウ

4　エ

18 CD1　18番^{ばん}

1　ア、ウ、オ、カ

2　イ、ウ、エ、カ

3　ア、ウ、エ

4　イ、オ、カ

19 19番

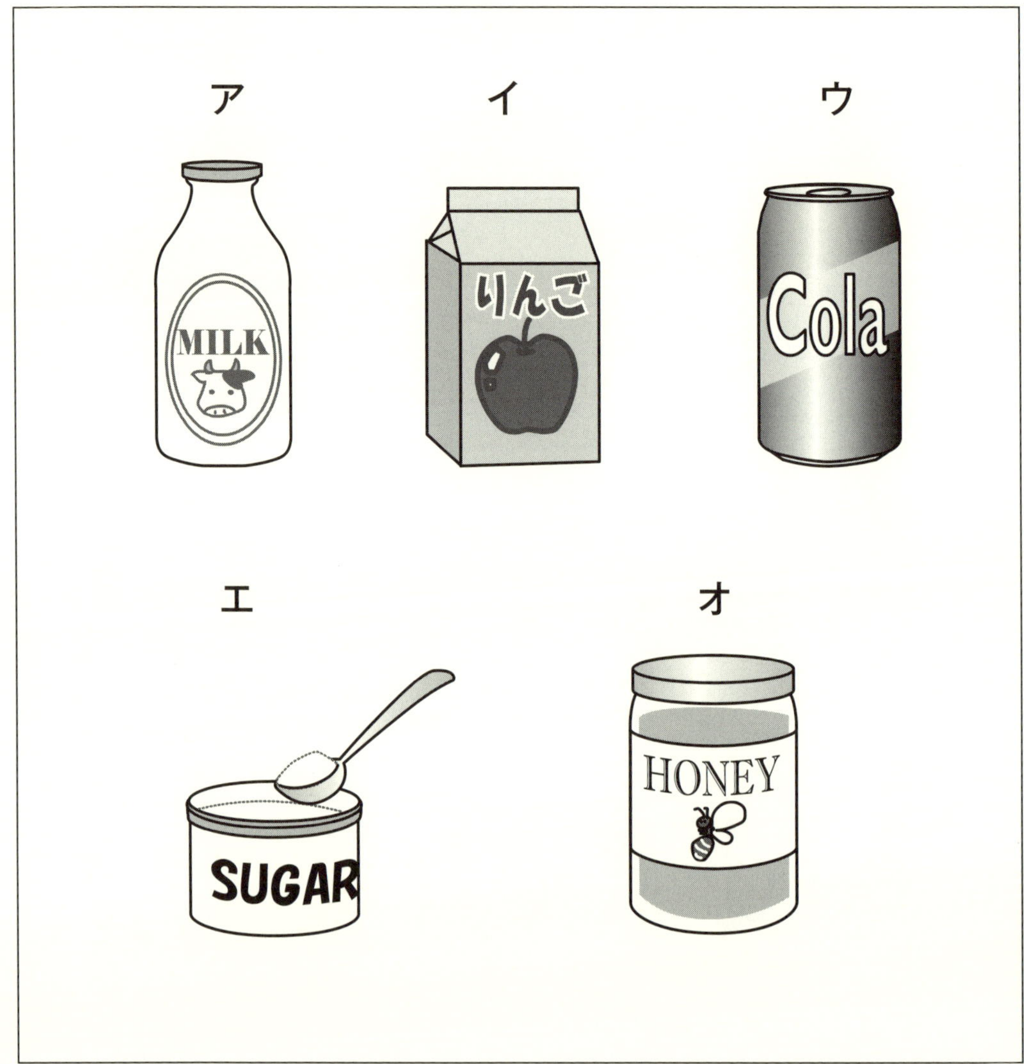

1　ア、エ

2　イ、オ

3　ウ、オ

4　ア、イ、エ

20
CD1

20 番
ばん

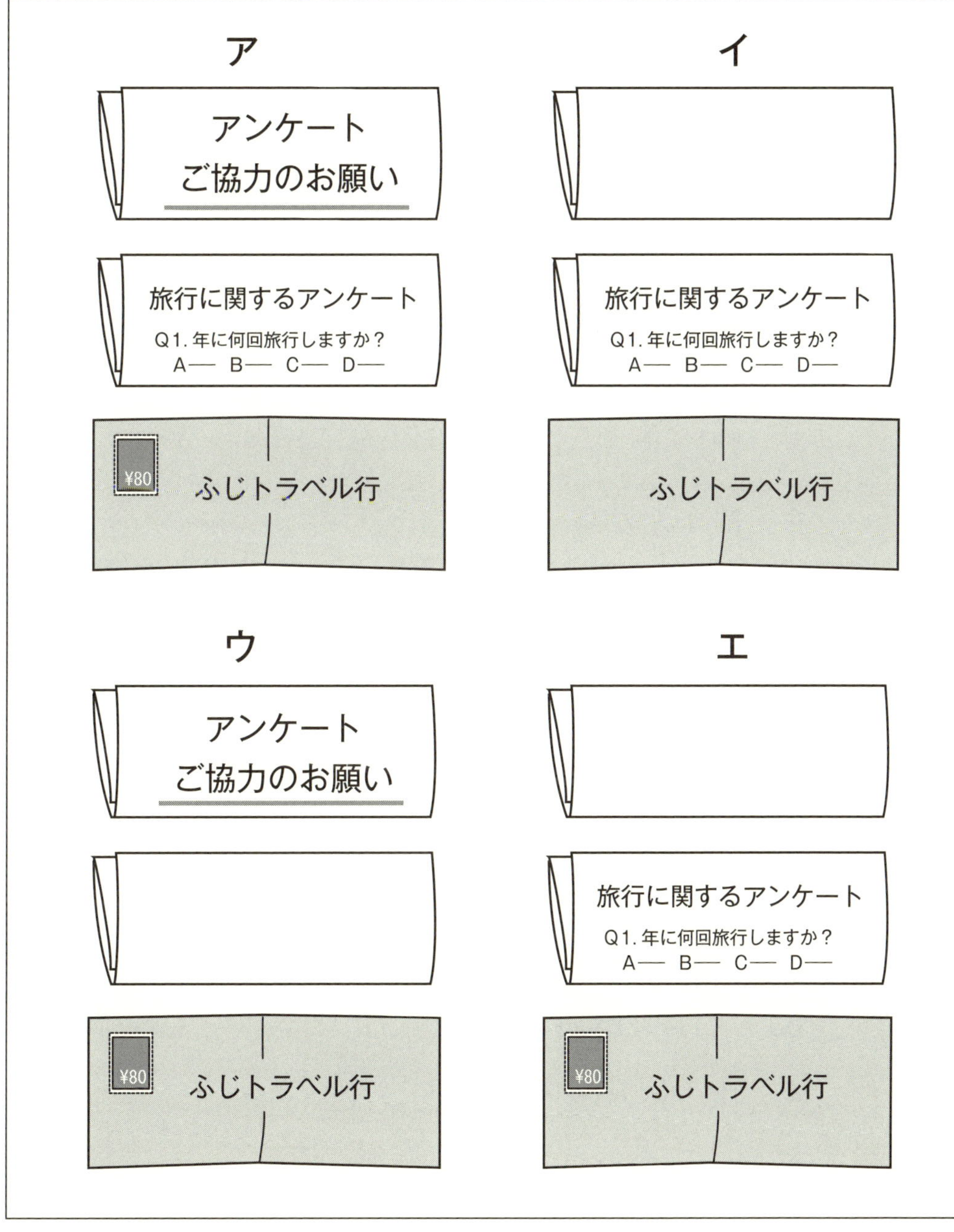

1 ア 2 イ
3 ウ 4 エ

　問題 2 では、まず質問を聞いてください。そのあと、問題用紙の選択肢を読んでください。読む時間があります。それから話を聞いて、問題用紙の 1 から 4 の中から、正しい答えを一つ選んでください。

21
CD1　**1 番**

1　大学に近いから
2　家賃が安いから
3　駅に近いから
4　静かだから

22
CD1　**2 番**

1　これからすぐ
2　今日の夜
3　今月の 15 日
4　次の休みの日

23 CD1 **3番**

1　明日

2　今週の水曜日

3　来週の月曜日

4　来週の水曜日

24 CD1 **4番**

1　学生課

2　図書館

3　アルバイト先

4　パン屋

5 番

1 空港に行く
2 勉強会に行く
3 昼食をとる
4 メールを送る

6 番

1 Aランチ
2 Bランチ
3 Cランチ
4 BランチとCランチ

27 CD1 **7番**
ばん

　1　洋服のほうが似合うから
　　　ようふく　　　　　にあ

　2　洋服のほうが動きやすいから
　　　ようふく　　　うご

　3　着物のほうが着るのが大変だから
　　　きもの　　　　き　　　たいへん

　4　着物を着るのに慣れていないから
　　　きもの　き　　な

28 CD1 **8番**
ばん

　1　山歩き
　　　やまある

　2　ビジネスの勉強会
　　　　　　　　べんきょうかい

　3　紅葉を見に行く会
　　　もみじ　み　い　かい

　4　旅行
　　　りょこう

29 CD1 9番（ばん）

1　授業（じゅぎょう）に遅刻（ちこく）しそうになったから
2　荷物（にもつ）の整理（せいり）に使（つか）うから
3　服（ふく）をたくさん買（か）ったから
4　あとで買（か）い物（もの）をするから

30 CD1 10番（ばん）

1　ゴルフ場（じょう）
2　スポーツ用品店（ようひんてん）
3　ゲームコーナー
4　回転（かいてん）ずしの店（みせ）

31 CD1 **11番**

1　大学で勉強した

2　店長に教わった

3　資料を見て、練習した

4　仕事の中で自然に覚えた

32 CD1 **12番**

1　子どもっぽく見えるから

2　スカートが地味でいやだったから

3　リボンが派手でいやだったから

4　スカートよりパンツをはきたかったから

33 CD1 13番

1 会員証

2 保険証

3 免許証

4 身分証明書

34 CD1 14番

1 バッグを5万8千円で

2 バッグとポーチを3万5千円で

3 二つのバッグを5万8千円で

4 二つのバッグを3万5千円で

35 CD1 15番

1　あまり楽しいと思えないから

2　練習がつらいから

3　上下関係が厳しいから

4　周りの人がすぐけんかをするから

36 CD1 16番

1　ほとんど焼けた

2　倉庫が焼けた

3　窓が焼けた

4　全然焼けなかった

37 **17番**
CD1

1　小さい会社も対象に入れること

2　試験を受ける企業について、よく調べること

3　あきらめないで、自分の行きたいところにこだ

　　わること

4　自分が本当にやりたいことを確かめること

38 **18番**
CD1

1　ポイントを貯める

2　新しい携帯にかえる

3　ポイントを使って修理する

4　「あんしんコース」で修理する

<ruby>問題<rt>もんだい</rt></ruby> 3

1〜20　CD2

<ruby>問題<rt>もんだい</rt></ruby> 3 では、<ruby>問題用紙<rt>もんだいようし</rt></ruby>に<ruby>何<rt>なに</rt></ruby>も<ruby>印刷<rt>いんさつ</rt></ruby>されていません。まず、<ruby>話<rt>はなし</rt></ruby>を<ruby>聞<rt>き</rt></ruby>いてください。それから、<ruby>質問<rt>しつもん</rt></ruby>と<ruby>選択肢<rt>せんたくし</rt></ruby>を<ruby>聞<rt>き</rt></ruby>いて、1 から 4 の<ruby>中<rt>なか</rt></ruby>から、<ruby>正<rt>ただ</rt></ruby>しい<ruby>答<rt>こた</rt></ruby>えを<ruby>一<rt>ひと</rt></ruby>つ<ruby>選<rt>えら</rt></ruby>んでください。

—　メモ　—

課題理解

ポイント理解

<ruby>概要理解<rt>がいようりかい</rt></ruby>
About Understanding / 关于理解 /
개요 이해

即時応答

統合理解

21〜46
CD2

<ruby>問題<rt>もんだい</rt></ruby> 4

<ruby>問題<rt>もんだい</rt></ruby> 4 では、<ruby>問題用紙<rt>もんだいようし</rt></ruby>に<ruby>何<rt>なに</rt></ruby>も<ruby>印刷<rt>いんさつ</rt></ruby>されていません。まず、<ruby>文<rt>ぶん</rt></ruby>を<ruby>聞<rt>き</rt></ruby>いてください。それから、それに<ruby>対<rt>たい</rt></ruby>する<ruby>返事<rt>へんじ</rt></ruby>を<ruby>聞<rt>き</rt></ruby>いて、1 から 3 の<ruby>中<rt>なか</rt></ruby>から、<ruby>正<rt>ただ</rt></ruby>しい<ruby>答<rt>こた</rt></ruby>えを<ruby>一<rt>ひと</rt></ruby>つ<ruby>選<rt>えら</rt></ruby>んでください。

— メモ —

課題理解

ポイント理解

概要理解

<ruby>即時応答<rt>そくじおうとう</rt></ruby>
Responding in real time / 速答 / 즉시응답

統合理解

47～56 CD2
<ruby>問題<rt>もんだい</rt></ruby> 5

<ruby>問題用紙<rt>もんだいようし</rt></ruby>に<ruby>何<rt>なに</rt></ruby>も<ruby>印刷<rt>いんさつ</rt></ruby>されていません。まず、<ruby>話<rt>はなし</rt></ruby>を<ruby>聞<rt>き</rt></ruby>いてください。それから、<ruby>質問<rt>しつもん</rt></ruby>と<ruby>選択肢<rt>せんたくし</rt></ruby>を<ruby>聞<rt>き</rt></ruby>いて、1から4の<ruby>中<rt>なか</rt></ruby>から、<ruby>正<rt>ただ</rt></ruby>しい<ruby>答<rt>こた</rt></ruby>えを<ruby>一<rt>ひと</rt></ruby>つ<ruby>選<rt>えら</rt></ruby>んでください。

— メモ —

問題1

	①	②	③	④
1	①	②	③	④
2	①	②	③	④
3	①	②	③	④
4	①	②	③	④
5	①	②	③	④
6	①	②	③	④
7	①	②	③	④
8	①	②	③	④
9	①	②	③	④
10	①	②	③	④
11	①	②	③	④
12	①	②	③	④
13	①	②	③	④
14	①	②	③	④
15	①	②	③	④
16	①	②	③	④
17	①	②	③	④
18	①	②	③	④
19	①	②	③	④
20	①	②	③	④

問題2

	①	②	③	④
1	①	②	③	④
2	①	②	③	④
3	①	②	③	④
4	①	②	③	④
5	①	②	③	④
6	①	②	③	④
7	①	②	③	④
8	①	②	③	④
9	①	②	③	④
10	①	②	③	④

問題3

	①	②	③	④
1	①	②	③	④
2	①	②	③	④
3	①	②	③	④
4	①	②	③	④
5	①	②	③	④
6	①	②	③	④
7	①	②	③	④
8	①	②	③	④
9	①	②	③	④
10	①	②	③	④
11	①	②	③	④
12	①	②	③	④
13	①	②	③	④
14	①	②	③	④
15	①	②	③	④
16	①	②	③	④
17	①	②	③	④
18	①	②	③	④
19	①	②	③	④
20	①	②	③	④

問題4

	①	②	③	④
1	①	②	③	④
2	①	②	③	④
3	①	②	③	④
4	①	②	③	④
5	①	②	③	④
6	①	②	③	④
7	①	②	③	④
8	①	②	③	④
9	①	②	③	④
10	①	②	③	④
11	①	②	③	④
12	①	②	③	④
13	①	②	③	④
14	①	②	③	④
15	①	②	③	④
16	①	②	③	④
17	①	②	③	④
18	①	②	③	④
19	①	②	③	④
20	①	②	③	④
21	①	②	③	④
22	①	②	③	④
23	①	②	③	④
24	①	②	③	④
25	①	②	③	④
26	①	②	③	④

問題5

	①	②	③	④
1	①	②	③	④
2	①	②	③	④
3	①	②	③	④
4	①	②	③	④
5	①	②	③	④
6	①	②	③	④
7	①	②	③	④
8	①	②	③	④
9	①	②	③	④
10	①	②	③	④

PART 2

模擬試験
第1〜2回

Mock examinations

模拟考试

모의고사

第1回 模擬試験 　　　　50分

<ruby>問題<rt>もんだい</rt></ruby>

問題1

問題1では、まず質問を聞いてください。それから話を聞いて、問題用紙の1から4の中から、正しい答えを一つ選んでください。

1番

1　貸し出しの予約をする
2　新しい本を借りる
3　借りた本を元の場所に戻す
4　続けて借りるための手続きをする

2番

1　友だちに電話する
2　友だちにメールする
3　バス停で友だちを待つ
4　川沿いを歩く

 **3番**

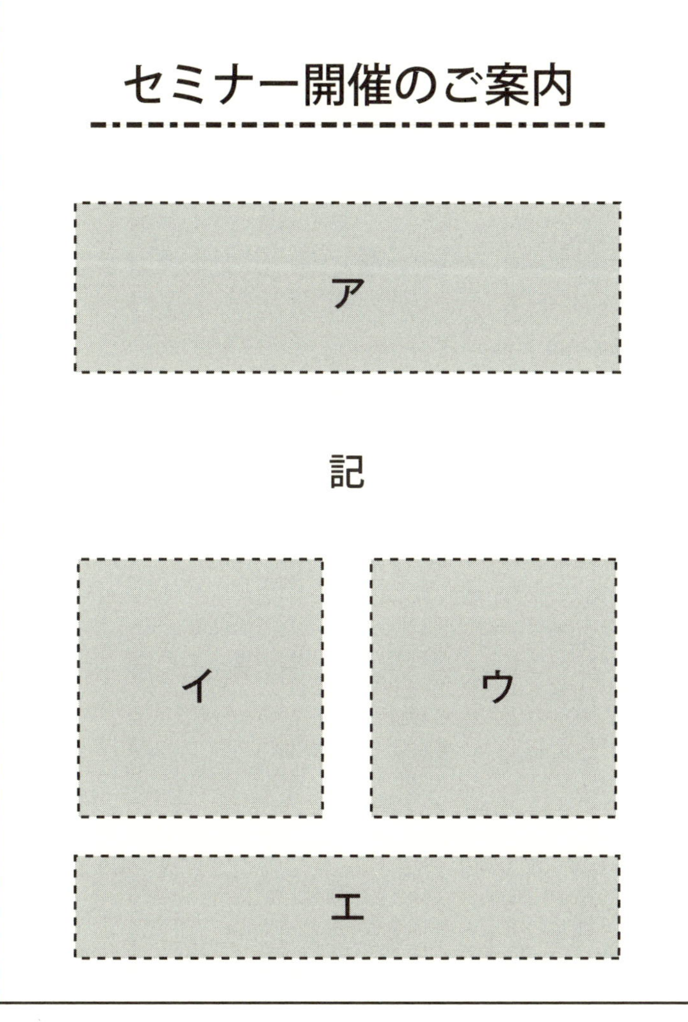

1　ア

2　イ

3　ウ

4　エ

4番

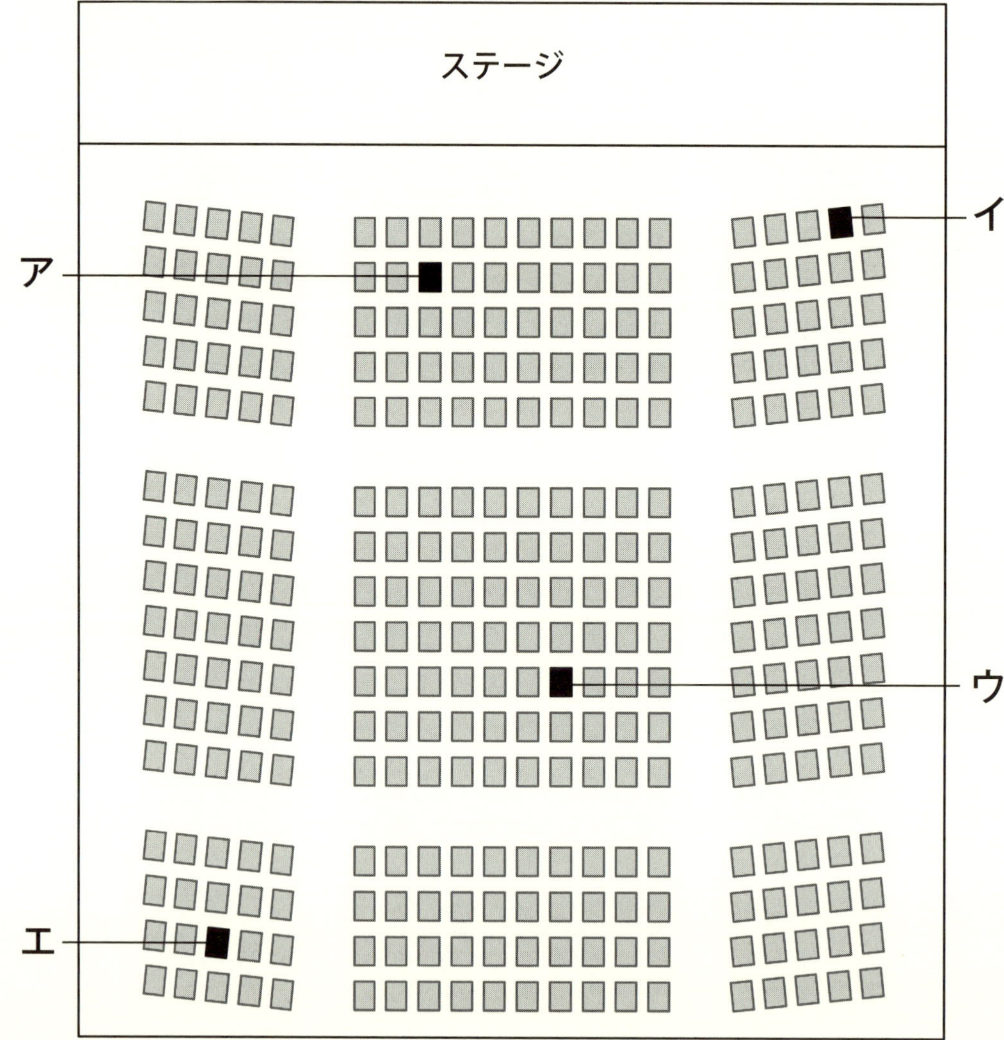

1　ア

2　イ

3　ウ

4　エ

CD3 5 5番

1 展示会に行く

2 課長に相談に行く

3 ほかの課に手伝いを頼みに行く

4 お客さんとミーティングをする

　問題2では、まず質問を聞いてください。そのあと、問題用紙の選択肢を読んでください。読む時間があります。それから話を聞いて、問題用紙の1から4の中から、正しい答えを一つ選んでください。

6
CD3
1番

1　今日の昼
2　今日の晩
3　明日の昼
4　明日の晩

7
CD3
2番

1　新しいアパートを建てるから
2　アパートを売ることになったから
3　ほかに住みたいところができたから
4　大家さんを怒らせたから

8 **CD3** **3番**

1 暖房をちゃんと消さなかったから

2 タバコの火をちゃんと消さなかったから

3 空気がとても乾燥しているから

4 火を使っていることを忘れたから

9 **CD3** **4番**

1 パスタランチ

2 パスタランチとコーヒー

3 日替わりランチ

4 日替わりランチと紅茶

5番

1　コンサート会場が混んでいるから
2　駅が混んでいて、なかなか動けないから
3　道が混んでいて、車がなかなか進まないから
4　電車が混んでいて、体の調子が悪くなったから

6番

1　『世界遺産 100』
2　『世界遺産　夢の旅』
3　『世界遺産コレクション』
4　『世界遺産スペシャル』

12〜16
CD3

もんだい
問題 3

問題 3 では、問題用紙に何も印刷されていません。まず、話を聞いてください。それから、質問と選択肢を聞いて、1 から 4 の中から、正しい答えを一つ選んでください。

— メモ —

課題理解

ポイント理解

概要理解
がいようりかい
About Understanding / 关于理解 /
개요 이해

即時応答

統合理解

17〜28
CD3

問題 4

問題 4 では、問題用紙に何も印刷されていません。まず、文を聞いてください。それから、それに対する返事を聞いて、1 から 3 の中から、正しい答えを一つ選んでください。

— メモ —

課題理解

ポイント理解

概要理解

即時応答 Responding in real time / 즉시응답

統合理解

29〜31
CD3

問題5

1番　2番

問題用紙に何も印刷されていません。まず、話を聞いてください。それから、質問と選択肢を聞いて、1から4の中から、正しい答えを一つ選んでください。

3番

まず、話を聞いてください。それから2つの質問を聞いて、それぞれ問題用紙の1から4の中から、もっともよいものを一つ選んでください。

質問1

1　本屋

2　セール会場

3　紳士雑貨の売り場

4　紳士服売場のある階

質問2

1　4階

2　5階

3　6階

4　7階

問題1

問題1では、まず質問を聞いてください。それから話を聞いて、問題用紙の1から4の中から、正しい答えを一つ選んでください。（※「第2回模擬試験」では、この部分の音声はありません）

32 CD3　1番

1　携帯電話の番号を教える

2　メールアドレスを教える

3　担当者に電話をつなぐ

4　担当者にコールバックをさせる

33 CD3　2番

1　資料を作る

2　資料を配る

3　資料をコピーする

4　課長に参加人数を聞く

34
CD3
3<ruby>番<rt>ばん</rt></ruby>

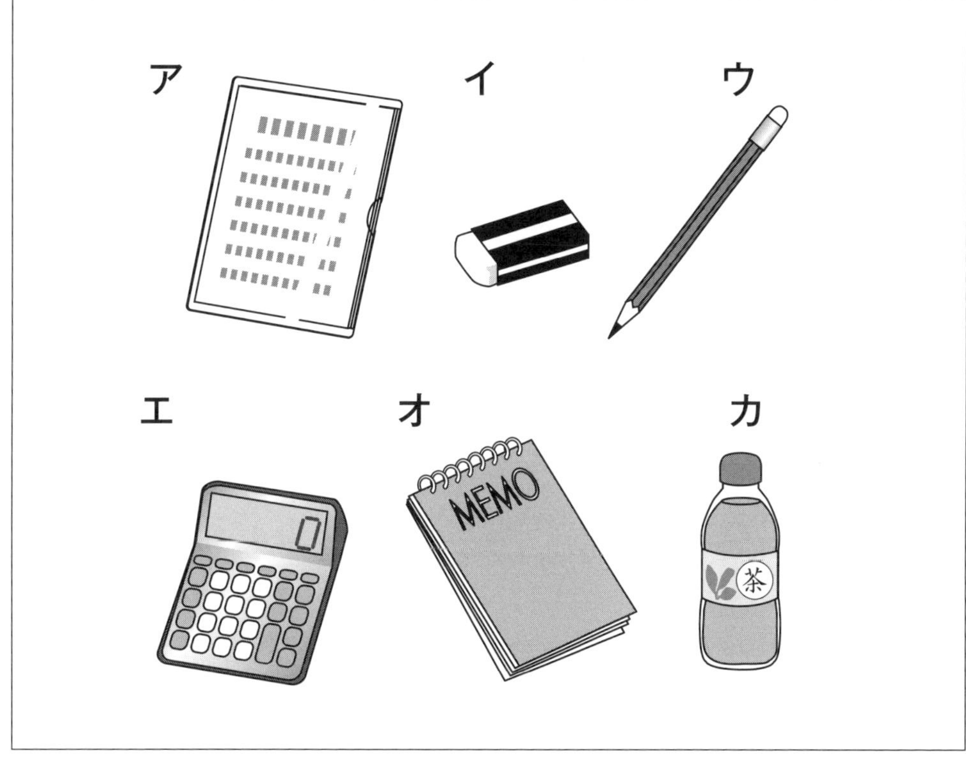

1　ア、ウ、エ

2　ア、イ、エ、カ

3　ア、ウ、エ、オ

4　ア、イ、エ、オ、カ

4番

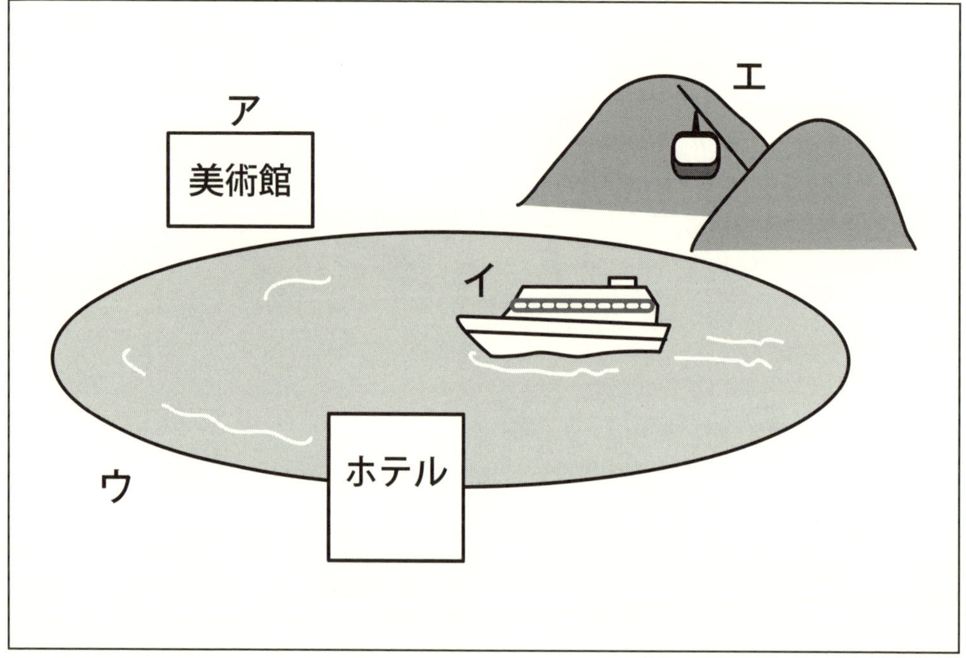

1　ア　→　ウ　→　ホテル

2　ア　→　イ　→　ホテル

3　ホテル→　イ　→　エ　→　ホテル

4　ホテル→　ア　→　イ　→　ホテル

5 番<ruby>ばん</ruby>

1 座<ruby>すわ</ruby>って順番<ruby>じゅんばん</ruby>を待<ruby>ま</ruby>つ

2 整理券<ruby>せいりけん</ruby>をとる

3 身分証明書<ruby>みぶんしょうめいしょ</ruby>を出<ruby>だ</ruby>す

4 用紙<ruby>ようし</ruby>に必要<ruby>ひつよう</ruby>なことを書<ruby>か</ruby>く

問題2

問題2では、まず質問を聞いてください。そのあと、問題用紙の選択肢を読んでください。読む時間があります。それから話を聞いて、問題用紙の1から4の中から、正しい答えを一つ選んでください。（※「第2回模擬試験」では、この部分の音声はありません）

37 CD3　1番

1　1階で買い物をしてから5階に行く

2　1階で買い物をしてから6階に行く

3　2階で買い物をしてから5階に行く

4　2階で買い物をしてから6階に行く

38 CD3　2番

1　食堂

2　図書館の前

3　2号館の301教室の前

4　3号館の201教室の中

39 CD3 **3番**

1　川柳（せんりゅう）
2　俳句（はいく）
3　旅行（りょこう）
4　日本文学（にほんぶんがく）

40 CD3 **4番**

1　今日（きょう）の１時（じ）ごろ
2　今日（きょう）の５時（じ）ごろ
3　明日（あした）の１時（じ）ごろ
4　明日（あした）の５時（じ）ごろ

課題理解

ポイント理解（りかい）
Understanding the main points / 理解关键点 / 포인트이해

概要理解

即時応答

統合理解

5番

1　この電車に具合の悪い人がいるから

2　この電車の前を人が走ったから

3　1本前の電車が、次の駅で止まっているから

4　1本あとの電車が、前の駅で止まっているから

6番

1　体の調子がよくなること

2　ダイエット効果があること

3　いろいろな職業の人がいること

4　踊っていて楽しいこと

問題 3

問題3では、問題用紙に何も印刷されていません。まず、話を聞いてください。それから、質問と選択肢を聞いて、1から4の中から、正しい答えを一つ選んでください。
（※「第2回模擬試験」では、この部分の音声はありません）

―　メモ　―

48〜59
CD3

問題4

問題4では、問題用紙に何も印刷されていません。まず、文を聞いてください。それから、それに対する返事を聞いて、1から3の中から、正しい答えを一つ選んでください。（※「第2回模擬試験」では、この部分の音声はありません）

― メモ ―

60〜62
CD3

問題5

1番　2番

問題用紙に何も印刷されていません。まず、話を聞いてください。それから、質問と選択肢を聞いて、1から4の中から、正しい答えを一つ選んでください。

（※「第2回模擬試験」では、この部分の音声はありません）

3番

まず、話を聞いてください。それから2つの質問を聞いて、それぞれ問題用紙の1から4の中から、もっともよいものを一つ選んでください。

（※「第2回模擬試験」では、この部分の音声はありません）

質問1

1　家庭料理コース

2　おもてなし料理コース

3　イタリア料理コース

4　お菓子とデザートコース

質問2

1　家庭料理コース

2　おもてなし料理コース

3　イタリア料理コース

4　お菓子とデザートコース

N2 聴解 解答用紙

（本試験の見本）

受験番号 Examinee Registration Number	
名前 Name	

< ちゅうい　Notes >

1. くろいえんぴつ（HB、No.2）で
   かいてください。
   Use a black medium soft
   (HB or No.2) pencil.

2. かきなおすときは、けしゴムで
   きれいにけしてください。
   Erase any unintended marks
   completely.

3. きたなくしたり、おったりしないで
   ください。
   Do not soil or bend this sheet.

4. マークれい　Marking examples

よい Correct	わるい Incorrect
●	⊘ ◌ ◯ ◍ ⊘ ◑ ◖ ◯

問題 1

1	①	②	③	④
2	①	②	③	④
3	①	②	③	④
4	①	②	③	④
5	①	②	③	④

問題 2

1	①	②	③	④
2	①	②	③	④
3	①	②	③	④
4	①	②	③	④
5	①	②	③	④
6	①	②	③	④

問題 3

1	①	②	③	④
2	①	②	③	④
3	①	②	③	④
4	①	②	③	④
5	①	②	③	④

問題 4

1	①	②	③	④
2	①	②	③	④
3	①	②	③	④
4	①	②	③	④
5	①	②	③	④
6	①	②	③	④
7	①	②	③	④
8	①	②	③	④
9	①	②	③	④
10	①	②	③	④
11	①	②	③	④
12	①	②	③	④

問題 5

1	①	②	③	④
2	①	②	③	④
3	①	②	③	④
4	①	②	③	④

N2 聴解 第1回模擬試験 解答用紙

問 題 1

1	①	②	③	④
2	①	②	③	④
3	①	②	③	④
4	①	②	③	④
5	①	②	③	④

問 題 2

1	①	②	③	④
2	①	②	③	④
3	①	②	③	④
4	①	②	③	④
5	①	②	③	④
6	①	②	③	④

問 題 3

1	①	②	③	④
2	①	②	③	④
3	①	②	③	④
4	①	②	③	④
5	①	②	③	④

問 題 4

1	①	②	③	④
2	①	②	③	④
3	①	②	③	④
4	①	②	③	④
5	①	②	③	④
6	①	②	③	④

7	①	②	③	④
8	①	②	③	④
9	①	②	③	④
10	①	②	③	④
11	①	②	③	④
12	①	②	③	④

問 題 5

1	①	②	③	④
2	①	②	③	④
3	①	②	③	④
	①	②	③	④

N2 聴解 第2回模擬試験 解答用紙

問 題 1

1	①	②	③	④
2	①	②	③	④
3	①	②	③	④
4	①	②	③	④
5	①	②	③	④

問 題 2

1	①	②	③	④
2	①	②	③	④
3	①	②	③	④
4	①	②	③	④
5	①	②	③	④
6	①	②	③	④

問 題 3

1	①	②	③	④
2	①	②	③	④
3	①	②	③	④
4	①	②	③	④
5	①	②	③	④

問 題 4

1	①	②	③	④
2	①	②	③	④
3	①	②	③	④
4	①	②	③	④
5	①	②	③	④
6	①	②	③	④

7	①	②	③	④
8	①	②	③	④
9	①	②	③	④
10	①	②	③	④
11	①	②	③	④
12	①	②	③	④

問 題 5

1	①	②	③	④
2	①	②	③	④
3	①	②	③	④
	①	②	③	④

●著者

棚橋明美（たなはし　あけみ）
　お茶の水女子大学人間文化研究科博士後期課程単位取得。
　現在、聖学院大学特任講師。

杉山ますよ（すぎやま　ますよ）
　お茶の水女子大学人間文化研究科博士後期課程単位取得。
　現在、早稲田大学日本語教育研究センター非常勤講師。

野原ゆかり（のはら　ゆかり）
　お茶の水女子大学人間文化創成科学研究科博士後期課程単位取得。
　現在、獨協大学国際教養学部言語文化学科准教授。

レイアウト・DTP　ポイントライン
カバーデザイン　　滝デザイン事務所
イラスト　　　　　杉本千恵美
翻　　訳　　　　　Jon McGovern ／王雪／崔明淑
編集協力　　　　　高橋尚子

日本語能力試験問題集　Ｎ２聴解スピードマスター

平成23年（2011年）　４月10日　初版第１刷発行
平成27年（2015年）　４月10日　初版第３刷発行

著　　者　棚橋明美・杉山ますよ・野原ゆかり
発行人　　福田富与
発行所　　有限会社　Ｊリサーチ出版
　　　　　〒166-0002　東京都杉並区高円寺北 2-29-14-705
　　　　　電話　03（6808）8801（代）　FAX　03（5364）5310
　　　　　編集部　03（6808）8806
　　　　　http://www.jresearch.co.jp
印刷所　　大日本印刷株式会社

スクリプトと答え

Script and answers

听力内容和答案

스크립트와 해답

問題 1 （課題理解）

1番
CD1 ①

大学で、女の学生と男の学生が話しています。男の学生はこれからどうしますか。

Ｆ：じゃあ、私は帰るね。これから新宿の登山用品のお店に行くの。

Ｍ：えっ、中野さん、山登りするの？

Ｆ：山登りというか、山歩き。山をハイキングするって感じ。来週末もサークルで高尾山に行くことになって……。留学生の人たちが行きたいって言うから。

Ｍ：高尾山って、外国の人に人気があるみたいだね。旅行のガイドブックとかでよく紹介されているんでしょ？

Ｆ：そうそう。都心から近いのに、自然がたっぷり楽しめるからね。・・・そうだ、鈴木君も土曜日空いてたら一緒に行かない？　サークル以外の人も何人か来るよ。

Ｍ：ほんと？　じゃあ、行ってみようかなあ。・・・とりあえず、新宿のそのお店、一緒に見ていい？

Ｆ：いいよ、もちろん。

男の学生は、これからどうしますか。

【正解】1

ことばと表現

□**登山**　mountain climbing／登山／등산

□**用品**　article／用品／용품

□**サークル**　circle／俱乐部／서클

□**都心**　首都または大都市の中心部。日本ではふつう、東京の中心部のこと。

□**たっぷり**　fully／充足的／잔뜩

2番
CD1 ②

会社で、女の人と男の人が話しています。女の人は、これからどうしますか。

Ｆ：竹下さん、その棒、何ですか。

Ｍ：ああ、これ？　これは太鼓のバチです。今、和太鼓を習っているんですよ。駅前のスポーツクラブで。週1回、教室があるんです。

Ｆ：そうなんですか。面白そうですね。

Ｍ：思い切り太鼓を叩くと、気持ちいいですよ。ストレス解消になるし、運動になるから体にもいいですしね。

Ｆ：へー、私もやってみたいなあ。何か習い事をしたいと思ってたんですよ。見学とか、できるんですか。

Ｍ：できますよ。ああ、体験レッスンもできますよ。無料だから受けてみたらどうですか。

Ｆ：そうなんですか。でも、さっき指を切っちゃって。今も薬局に行ってきたところなんです。これです。だから見るだけでいいんですけど。

Ｍ：いいですよ、もちろん。じゃ、今日の夕方、レッスンがあるから一緒に行きましょうか。

Ｆ：はい。

女の人は、これからどうしますか。

【正解】1

ことばと表現

□**太鼓**　drum／大鼓／북

□**和太鼓**　日本の太鼓

□**思い切り**　with all one's might／尽情的／마음껏
例）思い切り引っ張る、思い切って本当のことを言う

□**解消**　dissolution／解决、消除／해소

□**習い事**　教室などに通って、技術を身につけること。
例）料理、踊り、外国語

□**見学**　visit, tour／参观／견학

□**薬局**　薬屋、ドラッグストア

3番
CD1 ③

男の学生と女の学生が旅行の計画について話しています。交通手段は何を使いますか。

Ｍ：今度の九州旅行、田中の車で、交代で運転していこうっていう話もあるんだけど。

Ｆ：福岡まで車!?

Ｍ：ガソリン代だけですむから、安いよ。むこうに着いても、車でいろんな所に行けるし。

Ｆ：4人で狭い車に何時間も乗っていくの？　飛行機で行こうよ。

Ⓜ：飛行機は高いじゃない。俺も田中も、今、きつくて……。

Ⓕ：じゃあ、新幹線。

Ⓜ：新幹線はいいけど、ホテルとセットだと、飛行機のほうが安くなる場合もあるよ。探せば、いろいろあるんじゃないかなあ？　ああ、あと、フェリーっていう手もある。車で行くと、車ごと、船に乗っちゃうんだよ。

Ⓕ：あ、それにしよう！　面白そう！

Ⓜ：船に２泊だよ。

Ⓕ：えっ!?　それは時間かかりすぎ。いいよ、私が飛行機の安いのを探すから。

Ⓜ：わかった。じゃあ、任せるよ。早く着いて、むこうで時間があるほうがいいからね。

交通手段は何を使いますか。

【正解】　3

ことばと表現

□**きつくて**　ここでは「お金がなくて状況が厳しい」
　※「きつい」は「厳しい、大変、楽ではない」の意味
□**フェリー**　決まったコースを行き来する大型の船で、人や荷物、車などを運ぶ

4番　CD1

夫婦が部屋の整理をしています。捨てるものは、どれですか。

Ⓕ：あっ、その料理の本は取っておいて。スープカレーのいいレシピが載っているから！

Ⓜ：レシピなんか、ネットにいくらでもあるじゃない。

Ⓕ：でも、同じスープカレーでも、いろんな味があるから。この本のは、ほんとにおいしいのよ。おいしかったでしょ、この前のスープカレー。

Ⓜ：え？　うん、まあ……。わかった。じゃあ、これは取っておこう。でも、これは捨てるよ。

Ⓕ：えっ、だめよ。じゅんが小さい頃、毎日それで遊んでたんだから。

Ⓜ：でも、大きいから、じゃまだよ。うん、これは絶対に捨てよう。

Ⓕ：じゃ、このサッカーシューズも捨てるよ。ボロボロだし、もう使わないでしょ。

Ⓜ：だめだよ、またやるんだから。

Ⓕ：ほんとにやるときに、また新しいのを買えばいい

じゃない。

Ⓜ：わかったよ。じゃあ、この古いかばんもいいね。使ってないでしょ。

Ⓕ：えっ、それ？　・・・わかった。

捨てるものはどれですか。

【正解】　1

ことばと表現

□**いくらでも**　as much as you like, unlimitedly／不管多少／얼마든지
□**取っておく**　keep／放好／보관해 두다
□**ぼろぼろ**　shabby／破破烂烂／너덜너덜
　例）服／かばんが～。

5番　CD1

先生と学生が研究室で話しています。学生は、どの本のコピーをとりますか。

Ⓕ：張さん、今度のシンポジウムで配る資料を作るから、ちょっと手伝ってくれない？

Ⓜ：はい。何をしたらいいですか。

Ⓕ：その本棚の一番上にロジャースの本があるから、取ってくれます？

Ⓜ：はい。えーと、確か『世界を破壊する』という本ですよね。これですね。

Ⓕ：いや、それじゃなくて、もう一冊のほう。『地球の未来』ですよ。もう少し右のほうかもしれない。

Ⓜ：『地球の未来』ですね。あ、ありました。でも、2冊あります、上と下ですが。どちらですか。

Ⓕ：上巻のほうを取ってください。・・・あっ、やっぱり両方お願いします。

Ⓜ：はい。

Ⓕ：じゃ、上の158ページから165ページまでと、下の37ページから42ページまでをコピーしてください。両面コピーでお願いします。

Ⓜ：わかりました。

学生は、どの本のコピーをとりますか。

【正解】　2

ことばと表現

□**シンポジウム**　symposium／研讨会／심포지움
□**破壊（する）**　to destroy／破坏／파괴
□**未来**　future／未来／미래

□〜巻　Vol.〜／〜巻／〜권
□両面　both sides／両面／양면

6番

市の施設で、女の人が着物教室について尋ねています。女の人は、何で申し込みをしますか。

Ⓜ：はい、市民センターです。

Ⓕ：あのー、市の新聞で着物教室のことを知ったんですが、外国人でも申し込めるんですか。

Ⓜ：はい。市に住んでらっしゃる方なら、どなたでも受けられます。

Ⓕ：そうですか。よかったです。ずっと着物の着方を習いたかったので。

Ⓜ：じゃあ、ぜひご参加ください。来週18日の木曜日が締切になっておりますので、それまでにお申し込みください。ただし、申し込みが多い場合は抽選になりますので、ご注意ください。

Ⓕ：わかりました。申し込みはファックスとかメールとかでもいいんですか。

Ⓜ：ええ。でも、インターネットが便利かと思います。英語の説明もありますので。市のホームページから直接お申し込みいただけます。

Ⓕ：わかりました。じゃ、それでやってみます。

Ⓜ：また何かわからないことがあったら、いつでもお電話ください。

Ⓕ：ありがとうございます。

女の人は、何で申し込みをしますか。

【正解】　4

ことばと表現

□抽選（する）　to draw lots／抽签／추첨

7番

女の人二人が、ごみ捨て場で話しています。ガラスを捨てられるのはいつですか。

Ⓕ1：上田さん、今日は「燃えないごみ」の日じゃないですよ。明日です。

Ⓕ2：あっ、そうでしたか、すみません。前に住んでいたところが月曜日だったので、つい……。

Ⓕ1：場所によって違いますからね、曜日とか出し方とか。混乱しちゃいますよね。

Ⓕ2：ええ。あのー、ガラスは「燃えないごみ」の日に出してよかったんですよね。

Ⓕ1：ええ、そうです。

Ⓕ2：前のところは、ガラスや金属は別な日に集めてたんですよ。第1・第3の木曜とかでした。

Ⓕ1：そうなんですか。ここも、新聞を出す日が去年から「燃えるごみ」の日と別になって、金曜になったんです。慣れるまでよく間違えましたよ。

Ⓕ2：ほんと、そうですよね。

ガラスを捨てられるのはいつですか。

【正解】　2

ことばと表現

□混乱（する）　to get confused／混乱／혼란

8番

男の人がレストランで注文をしています。店の人は、どの順番で持っていけばいいですか。

Ⓜ：あ、注文お願いします。・・・えーと、ミックスピザをください。あと、このかぼちゃのスープも。

Ⓕ：ミックスピザは、お時間、少々かかりますが、よろしいでしょうか。

Ⓜ：あ、はい。先にスープを持ってきてもらえますか。

Ⓕ：かしこまりました。お飲み物はよろしいですか。プラス200円でコーヒーか紅茶をお付けできますが。

Ⓜ：じゃあ、アイスティーを。

Ⓕ：かしこまりました。お飲み物は、いつお持ちしましょうか。

Ⓜ：最初に持ってきてください。

Ⓕ：かしこまりました。

店の人は、どの順番で持っていけばいいですか。

【正解】　4

ことばと表現

□付ける　ここでは「〜も加える、セットにする」の意味

9番

CD1 9

ピザ屋で、女の人が注文しています。女の人は、いくら払うことになりますか。

F：あのー、持ち帰りでお願いしたいんですが。

M：かしこまりました。では、ご注文をどうぞ。

F：シーフードスペシャルのLサイズを1つと、あと、ナンバーワンサラダを3つください。

M：はい。以上でよろしいでしょうか。

F：はい。・・・あ、シーフードスペシャルは、半額のクーポンを使いたいんですが。

M：かしこまりました。そうしましたら、ピザが半額で1800円、サラダが3つで900円、合計で2700円になります。

F：あれ？　持ち帰り割引が200円じゃないんですか。

M：あ、大変失礼いたしました。お持ち帰り割引ですね。申し訳ありません。

F：いえいえ。

女の人は、いくら払うことになりますか。

【正解】　2

ことばと表現

□**持ち帰り（テイクアウト）**　take-out ／打包／직접 들고감

□**半額**　half price ／半价／반액

□**クーポン**　coupon ／优惠券／쿠폰

□**割引**　discount ／折扣／할인

10番

CD1 10

喫茶店で、女の人と店員が話しています。女の人は、このあとどうしますか。

M：いらっしゃいませ。

F：4人なんですが。

M：申し訳ありません。ちょっと今、席がいっぱいでして……。カウンター席なら空いてるんですが。

F：そうですか……。どれくらい待ちそうですか。

M：そうですね……10分から20分ほどお待ちいただくことになると思いますが。

F：うーん、困ったなあ。

M：あのー、ひとまずカウンター席にお座りいただいて、テーブル席が空きましたら、そちらに移動していただく、ということもできますが。

F：ああ、じゃあ、とりあえずそうします。

女の人はこのあとどうしますか。

【正解】　1

ことばと表現

□**カウンター**　counter ／服务台／카운터

□**ひとまず**　for the time being ／暂且、姑且／우선
例）ひとまず帰ろう。

□**とりあえず**　tentatively ／目前、暂且／곧바로
例）とりあえず飲み物を注文しよう。

11番

CD1 11

会社で、女の人と男の人が話しています。男の人は、このあと何をしなければなりませんか。

F：山田さん、ちょっといい？

M：あ、はい。

F：昨日出してもらった報告書なんだけど。

M：あ、はい、何か……。

F：この、作業計画のところなんだけど、それぞれの担当者はまだ決めてなかったの？

M：あ、すみません。候補者は挙がってるんですが、まだ検討中でして。

F：そう……。じゃ、そのことがわかるようにどこかに書いといてください。名前はいいから。

M：あ、はい。わかりました。

男の人は、このあと何をしなければいけませんか。

【正解】　1

ことばと表現

□**報告書**　report ／报告书／보고서

□**作業**　work ／操作／작업

□**担当者**　person in charge ／担当人员／담당자

□**候補者**　candidate ／候补人员／후보자

□**検討**　examination ／讨论／검토

12番

CD1 12

男の人が、グラフを見せながら発表をしています。男の人が見せているのは、どれとどれのグラフですか。

M：うちの売上とふじ薬品の売上を比較してみたいと思います。グラフAは、昨年と今年のふじ薬品の売上とうちの売上を並べて示したものです。これを見ますと、今年に入ってから、ふじ薬品の売上が急速に伸びていることがわかります。そこで、こちらのグラフをご覧ください。これは、ふじ薬品が今年2月に出した新しい頭痛薬「スッキリA」の、全頭痛薬に占める売上の割合です。ここで驚くのは、発売開始からまだ半年しかたっていないのに、この新商品の売上がすでに全体の20パーセントを占めていることです。

男の人が見せているのは、どれとどれのグラフですか。

【正解】 4

ことばと表現

□売上　sales／销售金额／매상
□比較（する）　to compare／比较／비교하다
□急速に　rapidly／急速地／급속하게
□占める　occupy／占有／점유하다

13番 13 CD1

大学で、男の学生と先生が話しています。男の学生は、このあとまず何をしますか。

Ⓜ：先生、ちょっとお願いがあるんですが

Ⓕ：はい、何でしょう？

Ⓜ：あのー、この間ご相談した研究計画書ですが、ちょっと書いてみましたので、見ていただけますか。・・・これなんですが。

Ⓕ：3枚ですね。ええ、いいですよ。大学院に出すのはいつですか。

Ⓜ：来月20日が締め切りです。

Ⓕ：そう。じゃあ、チェックして来週のゼミのあとで返します。いいですか。

Ⓜ：はい、ありがとうございます。

Ⓕ：帰ってからでもいいんだけど、ファイルをメールで送っといてください。

Ⓜ：はい、わかりました。大学のパソコンから送ります。

男の学生は、このあとまず何をしますか。

【正解】 1

ことばと表現

□締め切り　deadline／截止日期／마감

14番 14 CD1

夕方帰宅すると、留守番電話にメッセージが入ってい

ました。今日中に荷物を受け取るにはどうしたらいいですか。

Ⓜ：・・・はやぶさ運輸、担当の山本です。18日にお届けに参りましたがお留守でしたので、ポストに連絡票を入れておきました。ご連絡がないので本日も配達に伺いましたが、お留守でした。連絡票に24時間自動受付の電話番号が書いてありますので、ご利用ください。インターネット受付のURLも書いてあります。今日の配達をご希望の場合は、午後8時までに携帯のほうにお電話ください。番号は連絡票に書いてあります。配達中など電話に出られないこともありますので、その場合は、はやぶさ運輸のセンターまでお電話ください。よろしくお願いします。

今日中に荷物を受け取るにはどうしたらいいですか。

【正解】 1

ことばと表現

□運輸　transportation／运输／운수
□連絡票　communication vote／通知单、联系卡／연락표

15番 

会社で、女の人が上司の男の人と話しています。女の人は、このあと、まず何をしなければなりませんか。

Ⓜ：鈴木さん、ちょっと。

Ⓕ：はい、何でしょうか。

Ⓜ：明日の会議用の資料、もうコピーした？

Ⓕ：いえ、まだです。そろそろやろうと思ってましたが……。

Ⓜ：よかった。昨日渡したデータなんだけど、数カ所間違いがあったんだよ。悪いんだけど、正しいデータを送るから、もう一回作り直してくれる？

Ⓕ：わかりました。

Ⓜ：じゃあ、コピーする前に一回見せてもらおうかな。・・・あ、その前にこれをお願いしたかったんだ。今回、人数が増えたから、場所を変えたいんだよ。第3会議室じゃ、ちょっとせまいから。ほかの部屋が空いてたら予約を変更して、みんなにメールしといてくれないかなあ。空いてなかったら、いいけど。

Ⓕ：はい、わかりました。

女の人は、このあと、まず何をしなければなりませんか。

【正解】 4

ことばと表現

□ **数カ所** several places ／好多处／여러 곳

16番 （CD1 16）

夫婦が話しています。男の人は、どのルートを歩きますか。

Ⓜ：ちょっとさくら公園までウォーキングしてくるよ。すごく健康にいいらしいからね。タバコもやめたし、これからはヘルシーな生活を心がけるよ。

Ⓕ：それはいい心がけ。ぜひ続けて。じゃあ、悪いんだけど、ついでにこの手紙、出してくれる？

Ⓜ：ああ、いいよ。

Ⓕ：あ、それと、帰りにビタミン剤を買ってきてくれない？　もうなくなっちゃって。ああ、あと、薬局のとなりがスーパーだから、缶ビールとタマネギもお願いしていいかなあ？

Ⓜ：そんなー、重いよ。

Ⓕ：じゃあ、タマネギだけでいいや。今夜はビールないけど、がまんして。

Ⓜ：えー？　じゃあ、ビールだけ買ってくるよ。

Ⓕ：今夜はカレーだから、タマネギがないと困るのよ。

Ⓜ：これじゃ、ウォーキングじゃなくて、買い物に行かされるみたいだなあ……。

男の人は、どのルートを歩きますか。

【正解】 3

ことばと表現

□ **ヘルシーな** healthy ／健康的／건강에 좋은
□ **心がけ** ～しようと思い、いつも気をつけておくこと。「心がける」の名詞の形。

17番 （CD1 17）

不動産屋の社員が男の人と話しています。どの部屋へ案内しますか。

Ⓕ：これなんか、おすすめですよ。ワンルームですが、普通の2DKに負けない広さで、ちょうどお客様のご希望のお値段くらいです。それに、南向きで

すし。

Ⓜ：うーん、でも、やっぱり部屋は2つほしいなあ。

Ⓕ：そうですか。では、こちらはいかがでしょう。東向きですが、2部屋ともベランダに出られますし、7階ですから、見晴らしもいいですよ。

Ⓜ：ああ、これ、いいかもしれない。彼女、結婚しても仕事を続けるから、朝だけ日が入ればいいですから。ほかはどうですか。

Ⓕ：こちらは人気の角部屋です。5階で南西の角ですから、日当たりは最高です。

Ⓜ：ちょっと値段が高いですねえ。これは無理です。

Ⓕ：予算オーバーですか。では、こちらはいかがでしょう。この長めのリビングはかなりの広さですよ。値段もかなり安いほうだと思います。

Ⓜ：でも、1階ですよね。ちょっと安全面が心配ですね。やっぱり、さっきの東向きのを見せていただきます。

どの部屋に案内しますか。

【正解】 4

ことばと表現

□ **不動産屋** real estate agent ／不动产公司／부동산 중개업
□ **ワンルーム** マンションなどで、部屋が一つのタイプ
□ **2DK** 2部屋＋D（ダイニングルーム：食事をする部屋、食堂）＋K（キッチン：台所）のタイプ
□ **日が入る** 太陽の光が部屋の中まで入ること
□ **角部屋** マンションなどで、部屋と部屋の間ではなく、建物の角にある部屋のこと。
□ **日当たり** その部屋に、太陽の光がどれくらい入るか、ということ。
□ **安全面** safety aspect ／安全方面／안전면

18番 （CD1 18）

男の人と女の人が、セミナーをする予定の部屋で話しています。男の人は、何を用意しますか。

Ⓜ：なかなかいい部屋ですね。きれいだし、いすも硬くないし。

Ⓕ：そうね。広さもちょうどいい。セミナーが始まる1時間前にここに入れば大丈夫だから。

Ⓜ：わかりました。・・・あ、ここに置くものを確認させてもらえますか。

Ⓕ：ああ、そこね。まずお水でしょう。ペットボトルのミネラルウォーターね。それと、時計でしょ

う。・・・

Ⓜ：あ、すみません。水はグラスに入れておくんですか。

Ⓕ：ううん、それはしなくていい。コップは使い捨てのが会社にあるから。ペットボトルの口のところにさかさにして置いといて。

Ⓜ：わかりました。時計はどういうのがいいんですか。デジタルじゃないほうがいいんですよね。

Ⓕ：うん。でも、それも会社にある。後で渡しとくね。えーっと……ああ、あと、マイクか。朝、ここの事務所で借りてくれる？　先生は使わないんだけど、受講生が質問するときに使うかもしれないから。・・・そんなところかな。

Ⓜ：参加者のリストとかはいいんですか。

Ⓕ：ああ、それはいい。どういう人が来るか、先生、わかってるから。

Ⓜ：わかりました。

男の人は、何を用意しますか。

【正解】　3

□セミナー　seminar／研讨会、讨论会／세미나
□ミネラルウォーター　mineral water／矿泉水／생수
□使い捨て　disposal／一次性使用(物)／일회용
□さかさ　上と下が逆
□デジタル　digital／数字的／디지털

19番
CD1

テレビの料理番組で、女の人と男の人が話しています。おいしく飲むためには、何を使えばいいですか。

Ⓕ：とうふを原料とする豆乳は、たんぱく質を豊富に含むほか、健康効果の高い飲み物として知られています。ただ、ちょっと飲みにくいという方もいらっしゃいます。では、どうすれば、飲みやすくなるでしょうか。

Ⓜ：はい、豆乳自体の甘みもありますが、これとは別の甘みを加えたいと思います。

Ⓕ：お砂糖を入れるんでしょうか。

Ⓜ：それでもいいかもしれませんが、取り過ぎると体によくないですし、豆乳が冷たいと、ちょっと溶けにくいですね。そこで、おすすめしたいのが、はちみつです。お好みで足してみてください。だいぶ飲みやすくなります。また、さらに飲みやすくしたいという方、ビタミンも、という方は、バ

ナナやリンゴなどのジュースと混ぜてもいいでしょう。

Ⓕ：それだったら、お子さんでも飲みやすそうですね。

Ⓜ：はい。豆乳はお腹にやさしい飲み物ですので、牛乳が飲めないという方でも毎朝飲めます。ぜひ試していただきたいと思います。

おいしく飲むためには、何を使えばいいですか。

【正解】　2

□豆乳　大豆を原料とする飲み物　soymilk／豆浆／두유
□たんぱく質　protein／蛋白质／단백질
□〜自体　~itself／〜自身／〜자체
□甘み　甘さ、甘い部分
□溶ける　melt／溶化／녹다
□お好みで　自分の好きなように
□試す　try／尝试／시험해보다

20番
CD1

男の人が、書類を送る作業について、説明しています。見本はどれですか。

では、これから作業の説明をします。今回中に入れるのは、全部で3種類です。えー、まずあいさつ状です。これは印刷してある面、「ご協力のお願い」と書いてあるほうを内側にして、三つ折りにしてください。こうです。次にアンケート用紙です。こっちは、タイトルが表に来るよう、印刷面を外側にして三つ折りにしてください。こんな感じです。最後に返信用封筒ですが、80円切手を1枚貼って、二つ折りにしてください。以上です。見本を1セットここに置いておきますので、全部そろってるか、確認しながら入れていってください。では、始めてください。

見本はどれですか。

【正解】　4

問題2（ポイント理解）

1番　21 CD1

部屋で女の学生二人が話しています。女の学生は、どうしてここに引っ越したのですか。

F1：いらっしゃい。さあ、どうぞ上がって。・・・迷わなかった？

F2：ううん。すぐわかった。大通り沿いだし、駅からそんなに遠くなかったから。

F1：そう、よかった。

F2：家賃はどうなの？　結構高いんじゃないの？

F1：そうでもないよ。ちょうど7万。前より五千円高くなったけど、大学まで30分で行けるから。前は1時間半もかかったから、朝とか結構きつくて……。

F2：1時間の差は大きいよ。毎日だからね。夜はどう？　うるさくないの？

F1：大通り沿いだから、車の音はどうしてもするんだけど、窓を閉めておけば大丈夫。思ったよりうるさくない。

F2：じゃ、引っ越してよかったね。

女の学生は、どうしてここに引っ越したのですか。

【正解】　1

ことばと表現

□ **きつい**　ここでは「大変、困難」の意味。

2番　22 CD1

道で、男の人が近所の人と話しています。男の人は、いつスーパーに行きますか。

M：あっ、木村さん。いっぱい買ったんですね。

F：駅前のスーパーさくら屋、今日が特売日なの。ルイスさんも行ったら？

M：トクバイビ？

F：そう。特別に安くなる日のことをトクバイビっていうの。さくら屋は5の付く日が特売日で、肉と魚と野菜が2割引きになるの。

M：そうなんですか。いいですね。でも、今日はこれからずっと仕事だから、次の特売日に行ってみます。

F：ああ、これからお仕事なんだ。でも、あそこは遅くまでやってるよ。確か11時までだったと思うけど。

M：そうなんですか。じゃ、大丈夫です。早速、帰りに寄ってみますよ。

男の人は、いつスーパーに行きますか。

【正解】　2

3番　23 CD1

先生と学生が話しています。先生は、いつレポートを受け取りますか。

M：先生、すみません。宿題のレポートを忘れてしまいました。明日でもよろしいですか。

F：火曜日は学校に来てないんですよ。ジョンさん、最近、宿題、よく忘れるわね。

M：すいません。・・・あのー、後でメールで送ってもいいですか。

F：メール？　ダメです。来週の授業の時持ってきてください。

M：わかりました。・・・あっ、先生は水曜はいらっしゃってますか。

F：ええ、水曜日は経済論の授業で来てますけど。

M：僕、水曜日も大学へ来ているので、先生の研究室に持っていってもいいでしょうか。

F：水曜は授業が多いし、会議も入っているから、会えないと思いますよ。

M：そうですか……。

F：じゃあ、私の部屋のドアにポストみたいなのが付いてるから、その中に入れておいてください。

先生は、いつレポートを受け取りますか。

【正解】　2

ことばと表現

会議も入っている　「会議も予定/用事に入っている」の意味

4番　24 CD1

大学で、男の学生と女の学生が話しています。男の学生は、これからどこに行きますか。

M：あっ、田中さん。今、来たの？

Ⓕ：うん。今日は午前、授業がなかったから。

Ⓜ：そうなんだ。じゃ、これから授業？

Ⓕ：うん。その前に学生課に行くけど。

Ⓜ：何しに？

Ⓕ：家庭教師をやろうかなと思って。その手続き。
鈴木君は？

Ⓜ：図書館でレポート書く。明日、提出なんだよ。で
も、また夕方からアルバイトで。

Ⓕ：へー。忙しそうね。

Ⓜ：うん、ちょっとね。・・・なんか、さっきからい
いにおいがする。

Ⓕ：あ、これ？　モンパリのパン。最近、駅前にでき
たのよ。

Ⓜ：モンパリの？　へー、おいしそう。

Ⓕ：おいしいよ。どう？　一つ食べない？

Ⓜ：えっ、いいの？　ありがとう。・・・わっ、おいしい！

Ⓕ：でしょ？

Ⓜ：今度、ぼくも買ってみるよ。

男の学生は、これからどこに行きますか。

【正解】 2

5番

CD1 25

女の学生が男の学生を勉強会に誘っています。男の
学生は、これから何をしますか。

Ⓕ：佐藤君、今日、6時から就職の勉強会があるん
だけど、来ない？　田中さんたちが企画したの。
今日はOBの人も来るんだって。経済学部と文学
部の卒業生。

Ⓜ：へー、おもしろそうだね。でも、今日は無理かなあ。
オーストラリアから友だちが来るんだよ。だから、
午後、空港まで迎えに行かないといけなくて。

Ⓕ：そうなんだ。じゃ、今日はずっとその友達と一緒
なのね？

Ⓜ：いや、それはまだわからない。マイケルっていう
んだけど、日本に来るのは3回目だし、日本語も
結構しゃべれるから。ひょっとしたら、勉強会に
も行けるかもしれない。

Ⓕ：じゃ、来れたら来て。場所とか時間とか、あとで
メールしておくから。

Ⓜ：ありがとう。

Ⓕ：何時ごろに出るの？

Ⓜ：1時ぐらいかなあ。適当にお昼を済ませて、それ

からすぐ行く。

Ⓕ：そう。じゃ、来られなかったら、どんな感じだっ
たか、あとで報告するね。

Ⓜ：うん、ありがとう。

男の学生は、これから何をしますか。

【正解】 3

ことばと表現

□企画（する）　to plan/organize／计划、企画／기획
□適当に　簡単に、あまり深く考えないで

6番

CD1 26

メニューについて聞いています。デザートにケーキが
付くのは、どのランチですか。

Ⓕ：すいません。

Ⓜ：はい。

Ⓕ：ランチなんですけど、Aランチはデザートが付く
んですか。

Ⓜ：すみません。Aランチは付かないんですよ。Bラ
ンチとCランチには付きますけど。

Ⓕ：そうですか。でもコーヒーは付くんですよね。

Ⓜ：はい、コーヒーはどのランチにもお付けしてい
ます。

Ⓕ：デザートは何ですか。

Ⓜ：Bランチはアイスクリームですが、Cランチはこ
ちらの2種類のケーキから選べます。

Ⓕ：うーん……。コーヒーだけでいいかな。

Ⓜ：はい、Aランチですね。

Ⓕ：あ、すみません。やっぱりアイスクリームも食べ
たいんで……Bランチ。

Ⓜ：はい、かしこまりました。Bランチですね。

デザートにケーキが付くのは、どのランチですか。

【正解】 3

10

7番 27 CD1

会社で、女の人が後輩の同僚と話しています。女の人は、どうして着物で行かないのですか。

Ｆ1：佐藤さん、田中さんの結婚式に出席されますよね。

Ｆ2：ええ。出席というか、受付のお手伝いをすることになったけど。

Ｆ1：そうなんですか。・・・あのー、当日はどんな服で行かれますか。

Ｆ2：最初は着物でと思っていたんだけど、受付をするから動きやすいほうがいいかなあと思って、洋服で行くことにしたの。

Ｆ1：そうなんですか。私はどうしようかと思って……。着物がいいなあと思っているんですが、着慣れてないから、ちょっと心配なんです。着物を着るときは、いつも母が一緒でしたから。

Ｆ2：確かに着物って着慣れてないと、大変かもね。でも、鈴木さん、着物がすごく似合いそう。

Ｆ1：えっ、ほんとですか。じゃ、やっぱり着物にしようかなあ。

女の人は、どうして着物で行かないのですか。

【正解】 2

ことばと表現

□**着慣れてない**　着るのに慣れていない。
　例）食べ慣れていない

8番 28 CD1

会社で二人が話しています。来月、二人は何に参加すると言っていますか。

Ｍ1：山田さん、ちょっと焼けました？

Ｍ2：ええ。先週の土曜、友だちに誘われて、久しぶりに山に行ったんですよ。そうしたら、すごく天気がよくて、夏みたいに日差しが強かったんです。

Ｍ1：そうですか。紅葉もきれいだったんじゃないですか。

Ｍ2：ええ。ちょうど紅葉の真っ盛りで、きれいでしたよ。久しぶりに自然の中を歩いて気持ちよかったです。

Ｍ1：へー、いいですね。私も行きたくなりました。

Ｍ2：そうですか。じゃあ、来月も誘われているんですけど、一緒に行きますか。

Ｍ1：えっ、でも、いいんですか。

Ｍ2：大丈夫ですよ。友だちが参加しているビジネス勉強会のメンバーが企画しているんです。いろんな仕事をしている人がいて、面白いですよ。ネットワークも広がるし。

Ｍ1：いいですね。じゃ、来月、ぜひ、ご一緒させてください。

来月、二人は何に参加すると言っていますか。

【正解】 1

ことばと表現

□**紅葉**　autumn leaves ／红叶／단풍
□**真っ盛り**　一番盛んな状態・時期　例）春真っ盛り
□**ネットワーク**　network ／网络／네트워크

9番 29 CD1

女の学生が友だちと話しています。女の学生は、どうして大きい袋を持ってきましたか。

Ｆ1：愛子、その大きな袋、何？

Ｆ2：あ、これ？　リサイクルショップに持っていくの。駅の反対側にあるじゃない？　ABCパークって。あそこ。

Ｆ1：ああ、買い取ってもらうのね。何が入ってんの？

Ｆ2：冬物のコートとかシャツとか、いろいろ。もうすぐ引っ越すから、今、いろいろ整理してて。

Ｆ1：そうなんだ。でも、何で大学まで持ってきたの？　重いじゃない？　来る前にお店に持って行けばよかったのに。

Ｆ2：そうなんだけど、今朝、寝坊しちゃったから。1限があったのよ、経済学。だから、帰りに寄る。

Ｆ1：じゃあ、私も一緒に行っていい？

Ｆ2：うん、行ってみる？　たまに寄るんだけど、ブランドものの結構いいのが安く買えることもあるよ。もちろん、家具とか家電も、いろいろ置いてある。

Ｆ1：へー、いいね。あと、本とかCDもあるんでしょ？

Ｆ2：そう、2階に。結構たくさんあったよ。

Ｆ1：何でもそろってるんだね。

女の学生は、どうして大きい袋を持ってきましたか。

【正解】1

ことばと表現

□**冬物**　冬用の服　参照）輸入物、ブランド物、シリーズ物

□**ブランド**　brand ／品牌、名牌／브랜드

□**そろう**　必要な商品や品物がある

10番

アナウンサーがショッピングセンターからレポートしています。お客さんが午前に行ったのはどこですか。

Ⓕ：今日はここ、青葉市に昨年オープンした巨大ショッピングセンターからのレポートです。東京ドーム2つ分の広さを誇り、この中に、海外有名ブランドの服やバッグ、スポーツ用品などが安く買えるお店が多数入っています。また、ショッピングエリアのほか、ボウリングやカラオケ、ゲームなどができるアミューズメントパークもあります。レストラン街には、今人気のラーメン店やカレー店をはじめ、中華、イタリアン、回転寿司、また、おしゃれなスイーツのお店など、全部で33のレストランやカフェが集まっています。ちょっと来ている方に聞いてみましょう。こんにちは、今日はどちらから、いらっしゃいましたか。

Ⓜ：浅草から来ました。

Ⓕ：浅草からですか。何か気に入ったものはありましたか。

Ⓜ：はい、ゴルフ用の靴を。安かったので。

Ⓕ：そうですか。これからどちらへ？

Ⓜ：ちょっとそこのゲームコーナーをのぞいて、それから、お昼を食べます。

Ⓕ：お昼、まだでしたか。今日は何を召し上がりますか。

Ⓜ：おすしにします。並んでたら、別のにしますけど。

Ⓕ：そうですか。ご協力ありがとうございました。どうぞ一日楽しんでください。

お客さんが午前に行ったのはどこですか。

【正解】2

ことばと表現

□**東京ドーム**　東京にあるスタジアムの名前

□**ブランド**　brand ／品牌、名牌／브랜드

□**エリア**　area ／地区／지역

□**施設**　institution ／设施／시설

□**回転寿司**　回るテーブルの上にすしを出すスタイルのサービス

□**スイーツ**　甘いお菓子

□**コーナー**　corner ／角落／코너
　　※特に、一定の商品やサービスのための場所や売場

□**のぞく**　少し中を見る

□**並んで(い)たら**　行列ができていたら

11番

留学生の男の人が日本人の友だちと話しています。留学生の男の人は、どうやって敬語を身につけましたか。

Ⓕ：あ、カルロスさん、この間、公園前のコンビニで見ましたよ。

Ⓜ：声かけてくれればよかったのに。去年から、あそこでアルバイトをしてるんです。

Ⓕ：声をかけようと思ったんだけど、すごく忙しそうだったから。カルロスさん以外にも外国人のスタッフはいるんですか。

Ⓜ：いますよ。僕のほかに7人。

Ⓕ：えっ、そんなに？　みんな、日本語が上手なんでしょう？

Ⓜ：ええ。みんな、ぼくより上手です。

Ⓕ：でも、敬語とか、難しくないですか。

Ⓜ：最初は大変でした。でも、店長がマニュアルをくれて、それを一生懸命練習して覚えたんです。おかげで、仕事がしやすくなりました。

Ⓕ：偉いなあ。みんな、学生なんですか。

Ⓜ：そうですよ。皆、大学生です。あっ、大学院生も2人いたかな。

留学生の男の人は、どうやって敬語を身につけましたか。

【正解】3

ことばと表現

□**スタッフ**　staff ／职员／스태프

□**おかげで**　thanks to that ／托您的福／덕분

□**偉い**　admirable, great ／伟大的／위대하다
　　例）荷物を持ってあげたんですか。偉いですね。

12番

女の学生が友だちと話しています。女の学生は、高校生のとき、どうして制服が好きじゃなかったと言っていますか。

Ｆ1：もも子、今日の服、制服っぽくて、かわいいね。
Ｆ2：制服？　・・・そう言われれば、そうかも。ヘンじゃない？
Ｆ1：全然。そのブラウスにリボンがすごく合ってる。いいところの女子高生みたい。
Ｆ2：女子高生？　子供っぽくない？
Ｆ1：そんなことないって。かわいくて上品って感じ。
Ｆ2：ふーん、まあ、いいや。でも私、高校の時は、制服はあんまり好きじゃなかった。スカートが無地ですごく地味で。これだったらパンツのほうがいいって、ずっと思ってた。
Ｆ1：私も似たような感じ。上下、グレーで。
Ｆ2：でもね、逆にリボンなんか、妙に大きくて、すごく目立ってたんだよ。変でしょ。
Ｆ1：そうね。小学生じゃないんだからね。

女の学生は、高校生のとき、どうして制服が好きじゃなかったと言っていますか。

【正解】　2

ことばと表現

□ **リボン**　ribbon ／丝带、绸带／리본
□ **上下**　服の上下のセット　例）パジャマ、スーツ
□ **グレー**　gray ／灰色／회색

13番

女の人が、リサイクルセンターに電話をしています。リサイクルに品物を出すには、何が必要ですか。

Ｍ：はい、リサイクルセンターです。
Ｆ：あのう、いらないものをリサイクルに出したいんですけど。
Ｍ：出品のご希望ですね。20点まで出品できます。服は7点までですが、靴は、大人のものは新品だけです。子供のものなら、使ったものでも出せますが、サイズが18センチまでです。センターのホームページに、詳しい説明がのっています。
Ｆ：わかりました。見てみます。
Ｍ：それから、会員でなければ出品できませんので、

まず、こちらにいらしていただいて、会員証をお作りください。その際、健康保険証か運転免許証など、身分を証明できるものをお持ちください。
Ｆ：保険証か免許証ですね。わかりました。
Ｍ：その時で結構ですが、品物を持ってくる日を予約しておいてください。
Ｆ：わかりました。

リサイクルに品物を出すには、何が必要ですか。

【正解】　1

ことばと表現

□ **リサイクル**　recycle ／再回收利用／리사이클
□ **出品**　putting an item on exhibit ／展出、展销／출품
□ **（健康）保険証**　health insurance card ／健康保险证／건강 보험증
□ **運転免許証**　driver's license ／驾照／면허증
□ **身分**　status ／身份／신분
□ **証明（する）**　to prove ／证明／증명 (하다)

14番

テレビの通信販売の番組で、商品の紹介をしています。どんな商品をいくらで紹介していますか。

Ｍ：はーい、皆さん、ご覧ください。どうですか、このバッグ！　素敵でしょ！
Ｆ：わあ。おしゃれなデザインですね。それに、すごく持ちやすいです。
Ｍ：それはそうです。こちらのバッグ、フランスの最高級ブランド、ファモンファ社の製品なんです。
Ｆ：すごいですね。色は何色あるんですか。
Ｍ：黒、ベージュ、赤、茶の4色ご用意しています。デザインも2種類あります。普段お出かけのときに使うもの、旅行にも使える少し大きめのもの。どちらもベルトが付いていて、肩にかけることができます。素材はもちろん、最高品質のものを使っています。
Ｆ：でも、やっぱりお値段が気になるんですが。
Ｍ：そうですね。でも、ご安心ください。メーカー希望価格58000円のところ、今回はなんと35000円でのご提供です。しかも、今回お買い上げくださった方には、バッグと同じ色のポーチをお付けします。
Ｆ：わあ、こちらも素敵なポーチですね。

Ⓜ：もちろんです。さあ、お申し込みの方は、すぐお
電話を。

どんな商品をいくらで紹介していますか。

【正解】 2

ことばと表現

□ **最高級** first-class, top-grade ／最高级／최고급
□ **素材** material ／原材料／소재
□ **品質** quality ／品质／품질
□ **提供(する)** ここでは「売る」の意味
□ **ポーチ** pouch ／化妆包、零钱包／파우치

15番 ³⁵

大学で、男の学生と女の学生が話しています。女の
学生は、どうしてサークルをやめようと思っていますか。

Ⓜ：相談って何？
Ⓕ：うん……私、サークルをやめようかと思って。
Ⓜ：演劇のサークルだっけ？
Ⓕ：うん。軽い気持ちで入ったんだけど、先輩たちを
見てると、いつもすごく真剣で……。練習でも、
居酒屋で議論とかしてても、常に熱いのよ。ちょ
っとついていけなくって。
Ⓜ：ふーん、そういう雰囲気なんだ。じゃ、あんまり
楽しめない感じ？
Ⓕ：そうね。ちょっと疲れちゃうかな。
Ⓜ：上下関係とかも厳しいの？
Ⓕ：ううん。それはない。たぶん、ほかのサークルと
変わんないと思う。
Ⓜ：でも、もっと自分に合ったサークルがあるんじゃ
ないかなあ。まだ1年生だし、いろいろ探してみ
たら？
Ⓕ：そうだよね。やっぱり旅行サークルとかのほうが
いいのかも。

女の学生は、どうしてサークルをやめようと思っていますか。

【正解】 1

ことばと表現

□ **サークル** circle ／同好会／서클
□ **演劇** drama ／戏剧、演剧／연극
□ **真剣** earnest ／认真／진지함

□ **議論** argument ／议论、争论／토론
□ **ついていけない** 自分の能力や理解を超えていて、同じようにできない

16番 ³⁶

女の人が友達と話しています。女の人の家はどうなりましたか。

Ⓕ1：昨日の夜、近所で火事があったの。すぐ近くで
火が燃えているのが見えて、すごく怖かった。
Ⓕ2：うそ！ 大丈夫だった？
Ⓕ1：うん。うちは何も影響なかったけど、その家は
ほとんど全部焼けちゃったよ。あと、隣の家の
倉庫に火が移ったって。
Ⓕ2：原因は？
Ⓕ1：台所の火。何かを油で揚げていた時に宅配が来
たんだって。
Ⓕ2：よくあるパターン。火を消さずに行ったんだ。
Ⓕ1：荷物を受け取って台所に戻ったら、火が上がっ
てたって。でも、消火器を使ったらすぐ消えた
らしいの。
Ⓕ2：えっ、それなのに？
Ⓕ1：うん。煙がすごかったから、窓を開けたらしい
の。そうしたら、風が入ってきて……。
Ⓕ2：ちゃんと消えてなかったんだ。こわーい！
Ⓕ1：気をつけないとね。

女の人の家はどうなりましたか。

【正解】 4

ことばと表現

□ **宅配** delivery to home ／送货上门服务／택배
□ **火が上がる** 火事などの火が起こる
□ **消火器** fire extinguisher ／灭火器／소화기

17番 ³⁷

男の学生が女の学生と話しています。男の学生は、
先輩にどんなアドバイスをされたと言っていますか。

Ⓜ：あ、田中さん、久しぶり
Ⓕ：あ、木村君 どう？ 決まった？
Ⓜ：だめだめ。もう7社受けたけど、いいところまで
いったのは1社だけ。それも最終的にはだめ。
Ⓕ：私も似たような感じ。ちょっと自信なくしちゃう。

まあ、頑張るしかないけど。

Ⓜ：一社受けるのも、エネルギーいるからね。

Ⓕ：そうそう。その企業についてよく調べてなきゃならないからね。おかげで、いろんな企業に詳しくなったけど。

Ⓜ：うん。でも、この前、先輩に言われたよ。大企業とか有名な会社にこだわってないかって。中小企業とか無名の会社にもいい会社がたくさんあるから、いろいろ調べてみたらって。

Ⓕ：私も就職課の人に言われた。見方を広げたほうがいいって。あと、どこの会社に行きたいかより、どんな仕事をやりたいかについて、よく考えたほうがいいって。

Ⓜ：なるほどね。田中さんはこれから授業？

Ⓕ：ううん、まだお昼食べてなくて。これから学食に行くつもり。

Ⓜ：ほんと？　ぼくもこれからなんだ。じゃ、一緒にお昼、食べようよ。

Ⓕ：うん。

男の学生は、先輩にどんなアドバイスをされたと言っていますか。

【正解】　1

ことばと表現

□**エネルギー（が）いる**　気力（気持ちの力）や体力を使う
□**学食**　学生食堂

18番
38
CD1

男の人が、携帯電話の店で話しています。男の人は、どうしますか。

Ⓜ：すみません、携帯の電源が入らなくなってしまったんですが……。

Ⓕ：ちょっと失礼します。・・・あ、ほんとですね。修理が必要かと思いますが、いかがなさいますか。

Ⓜ：修理代はかかるんですか。

Ⓕ：「あんしんコース」に入られてますか。月々300円のお支払いで、修理代が無料になるサービスです。ただ、購入した時にしか入れませんが……。

Ⓜ：どうだったかなあ……。覚えてないです。

Ⓕ：確認しますので、少々お待ちください。・・・ああ、入ってらっしゃらなかったですね。

Ⓜ：そうでしたか。じゃ、どれくらいかかるんですか。

Ⓕ：出してみないとわかりませんが、5000円程度はか

かるかと思います。

Ⓜ：そうですか。結構するんですね。

Ⓕ：そうですね。でも、ポイントも1000ポイント貯まってますので、お使いになれますよ。それか、今、キャンペーン中で、だいぶお安くなってますから、新しいのに買い替えてもいいかもしれませんね。もちろん、ポイントは使えます。

Ⓜ：うーん……この携帯も、もう2年使ってるからなあ。そっちのほうがいいか。わかりました。じゃ、そうします。今度は「あんしんコース」にも入りますので。

Ⓕ：かしこまりました。

男の人は、どうしますか。

【正解】　2

ことばと表現

□**電源**　power supply／电源／전원
□**購入（する）**　to purchase／购买、购入／구입

問題3 （概要理解）

1番 _{CD2}

女の人が、料理について話しています。

F：鍋の料理は食べたことがありますよね。肉や魚、野菜などがいろいろ入っていて、それを煮ながら食べる料理です。大きな鍋をみんなで囲んで、ゆっくり時間をかけて食べることが多いですね。すき焼きも鍋料理の一つです。しかし「鍋焼きうどん」と言った場合、一人用のメニューなので、一人用の鍋で出されます。その中にうどんと、野菜やお肉、揚げた豆腐、それから、おもちなどが入っています。鍋のまま出されますから、なかなか冷めないのが特徴です。だから、今日みたいな日にはぴったりの食べ物ですよ。

女の人は、ナベヤキウドンはどんな料理だと説明していますか。

1 ぜいたくな料理
2 体が温まる料理
3 みんなで食べる料理
4 栄養のバランスのいい料理

【正解】 2

ことばと表現

□**（お）もち**　rice cake ／餅／떡

□**冷める**　cool down ／冷的／식다

□**ぴったり**　just ／正好合适／알맞음

2番 _{CD2}

テレビで、アナウンサーが話しています。

F：今日のゲストは田中ひろしさんです。田中さんは、ジャンルの壁を超えて、新しいアートとしてのいけばな作品を、主にヨーロッパで発表していらっしゃる方です。田中さんの生み出すいけばなアートは、建物や部屋、あるいは服や人の体など、実にさまざまな場所、空間で展開されます。今日はその中から、いけばなでブローチを作る方法を紹介していただきます。私が今、胸に付けているこれも、その一例です。すてきですよね。では田中さん、よろしくお願いします。

この番組のテーマは何ですか。

1 いけばな教室の案内
2 いけばなで作るアクセサリー
3 日本の伝統文化の未来
4 日本の若い芸術家の紹介

【正解】 2

ことばと表現

□**ジャンル**　genre ／领域／장르

□**アート（芸術）**　art ／艺术、美术／아트(예술)

□**空間**　space ／空间／공간

□**展開（する）**　to develop ／展开／전개(하다)

□**ブローチ**　broach ／胸针／브로치

3番 _{CD2}

テレビで、アナウンサーが話しています。

M：今、通販が好調です。自宅にいながら商品を選び、買い物をする——そういった通信販売のスタイルが、ますます広がっています。特にテレビ通販が売上を伸ばしています。どんな商品が売れているかといいますと、最新のアンケートでは、家電が一番多く、次に食品、健康食品の順となっています。また、買った理由の主なものとしては、「商品の説明にひかれた」「通販でしか手に入らない」「店で買うより安い」などです。また、デパートでもなかなか売れない高額商品が売り切れることもあるそうです。実際に使うところを見られるのが、大きな強みになっているようです。

アナウンサーは、何について話していますか。

1 最近人気の高いテレビ
2 インターネットテレビ
3 テレビによる通信販売
4 インターネットによる通信販売

【正解】 3

ことばと表現

□**通信販売**　mail order ／邮购／통신판매

□**最新**　latest ／最新／최신

□**健康食品**　健康にいいことを大きな特徴として売られる食品

□**手に入る**　得ることができる

□**高額**　expensive ／高额／고액

□**強み**　すぐれたところ、有利な点

4番

テレビで、女の人が話しています。

F：今日はナッツのお話をします。ナッツは、お菓子やパンの材料としてよく使われますね。あと、お酒のおつまみによく出されます。ビールやウイスキーを飲むときなどです。でも、ナッツは高カロリーで太るからと、控えていませんか。実はナッツは、ビタミンやミネラルが豊富で、老化の防止や生活習慣病の予防にも役立つことが、わかってきました。量も、毎日10粒ぐらい食べるのが、体の調子を保つうえで効果的です。ナッツには、ピーナッツやアーモンド、それから栗など、いろいろな種類があり、それぞれで栄養素が異なります。ですから、何種類かのナッツを混ぜて召し上がるといいと思います。おすすめは、小さく砕いて、豆腐などと一緒にサラダに入れることです。簡単で、毎日でも食べられますから。

女の人は、何について話していますか。

1 ナッツの栄養
2 ナッツの種類
3 ナッツを使った料理
4 ナッツを使ったダイエット

【正解】 1

ことばと表現

□ **ナッツ**　nut ／堅果／견과류
□ **（お）つまみ**　お酒を飲みながら食べるもの
□ **控える**　restrain ／控制／줄이다
　例）酒、肉、運動、外出
□ **ミネラル**　mineral ／矿物营养素／미네랄
□ **老化**　aging ／老化／노화
□ **生活習慣病**　（食事の乱れ、働き過ぎ、たばこを吸うこと、など）問題のある生活習慣が原因となって起こる病気
□ **粒**　grain ／粒／알갱이
□ **ピーナッツ**　peanut ／花生／땅콩
□ **アーモンド**　almond ／杏仁／아몬드
□ **栗**　chestnut ／栗子／밤

5番

留守番電話のメッセージを聞いています。

M：えー、ニコニコ電気の大野と申します。先日はご

来店いただきまして、ありがとうございました。ご予約いただきましたノートパソコンが本日、入荷いたしましたので、ご連絡申し上げます。先日のお話ではご来店くださるとのことでしたが、ご自宅にお届けするよう変更される場合は、折り返しご連絡ください。なお、本日の営業時間は夜の9時までとなっておりますので、よろしくお願いいたします。では、失礼します。

何についてのメッセージですか。

1 予約した商品が店に届いたこと
2 予約した商品を家に送ったこと
3 予約した商品をもう一度確認したいこと
4 予約した商品の配達時間を知らせてほしいこと

【正解】 1

ことばと表現

□ **入荷（する）**　商品や荷物が店などに届くこと
□ **変更（する）**　予定など決まっていたことを変えること
□ **折り返し**　back, by return ／折回、立即、马上／되돌려
□ **営業時間**　店などが開いている時間

6番

大学で、女の学生が男の先生と卒業論文について話しています。

M：卒論のテーマは、決まりましたか。

F：いえ……まだなんです。ずっと考えているんですが、なかなかまとまらなくて……。

M：そろそろ決めたほうがいいですね。

F：はい……。環境問題に興味があるので、そういったことをやりたいと思っているんですが。

M：そうですか。環境問題といっても、いろいろありますからね。もう少し範囲を絞ると、どうなりますか。

F：そうですね……。例えば、これ以上地球温暖化が進むとどうなるか、という感じでしょうか。

M：うーん、それでもまだ広いですね。

F：はい……。地球温暖化を止めるためには、一人一人が今何をしなければならないか……。

M：ああ、その辺りから考えていくと、いいテーマが見つかるんじゃないでしょうかね。

F：はい、わかりました。ありがとうございました。

先生は、学生にどんなアドバイスをしましたか。

1　論文のテーマを早く決めるように
2　論文のテーマをもっとしぼるように
3　地球温暖化について、もっと深く考えるように
4　今、何をしなければいけないか、よく考えるように

【正解】　2

ことばと表現

□**範囲**　range ／范围／범위
□**絞る（範囲やテーマを）**　narrow down ／集中、限定／한정하다
□**地球温暖化**　global warming ／缩小地球温暖化／지구 온난화

7番
CD2 / 7

テレビで女の人が話しています。

🅕：最近は年代を問わず、健康のために歩く人が増えていますね。ウォーキング用のくつもたくさん出ていますので、ご自分の足にあったものを選んで、快適に歩いていただきたいです。私も以前はそうだったんですが、歩いているうちに靴ひもがほどけてしまうことはないでしょうか。まあ、ひもの素材や形によっては、ほどけやすいものもありますが、結び方をひと工夫することで解決します。そこで今日は、簡単にほどけない、しっかり結ぶ方法をいくつかご紹介します。すぐに覚えられますので、テレビの前の皆さまもぜひ、お試しください。

女の人は何について話していますか。
1　ウォーキングの効果
2　正しい歩き方
3　正しいくつの選び方
4　くつひもの結び方

【正解】　4

ことばと表現

□**年代を問わず**　年代に関係なく、どの年代でも
□**ウォーキング**　健康のため、運動の一つとして歩くこと
□**快適に**　comfortably ／舒适／쾌적하게
□**ほどける**　It comes loose ／松／풀리다
□**素材**　material ／原材料／소재
□**ひと工夫**　少しの工夫
□**解決（する）**　to solve ／解決／해결(하다)

8番
CD2 / 8

女の人が話をしています。

🅕：犬は大変心が通じやすく、かわいいのですが、外出の多い方には、おすすめしません。とてもさびしがり屋ですから。さびしくて、ストレスで耳が聞こえなくなってしまうこともあるんです。その点、猫は、そういう心配はありません。プライドが高くてマイペースですからね。ほかには、ウサギも、あまり手がかからないので、おすすめです。ペットと深く心を通わせたいのか、それとも、お互いに独立した関係で暮らしたいのかによって、何を選ぶか決めたらいいんじゃないでしょうか。まあ、自分が本当に好きなのを飼うのが、一番間違いないんですけど。

何についての講演ですか。
1　ペットの選び方
2　犬と猫の違い
3　動物と心を通わせる方法
4　ペットによる心の治療

【正解】　1

ことばと表現

□**さびしがり屋**　すぐに寂しくなる性格
□**マイペース**　つねに、自分の調子・やり方で物事をすること
□**手がかかる**　人に面倒をかける
□**心を通わせる**　互いに気持ちが通じるようにする

9番
CD2 / 9

テレビで、女の人が男の人にインタビューしています。

🅕：ああ、あれが「光の岩」ですか。素晴らしい眺めですね。・・・さて、こんなきれいな海で働くというわけですが、どのような流れになっているんでしょうか。

🅜：はい。応募していただくと、まず書類審査、それから面接があります。それを通ったら、三日間、実際に魚を獲る体験をしていただきます。そのあと、最終的に、就職するかどうかをご自身で決めていただきます。

🅕：そうですか。皆さん、いかがでしょうか。この豊かな海と島の自然の中、漁業という仕事を手に、新しい人生を始めてみませんか。

何についての番組ですか。
1　漁師募集の案内
2　魚とり体験ツアーの案内
3　自然保護ボランティアの活動紹介
4　海洋資源調査の活動紹介

【正解】 1

ことばと表現

□ **審査**　examination ／審査／심사
□ **書類審査**　応募書類だけでの審査
□ **最終的に**　finally ／最終的／최종적으로
□ **漁業**　海などで、魚や貝などをとる仕事

10番
CD2

会社で、商品について話をしています。

F：テレビや雑誌はもう古いと思います。やはりネットや携帯のサイトに広告を載せるのがいいんじゃないでしょうか。

M：でも、ネットも当たり前だよね。何かもっと面白い方法がいいと思うんだけど。例えば、空からサンプルをたくさん落とすとか……。まあ、それは冗談として、この商品については、実際に使ってもらうのが一番じゃないかなあ。でも、そうすると、いつもと同じで、街でサンプルを渡すってことになるんだよね。

F：サンプルはいいと思いますけど、元気でお金のあるお年寄りも対象にしてはどうですか。

M：じゃあ、街じゃなく、郊外の住宅地とかで？

F：家の郵便受けにサンプルを入れて、使ってもらうんです。特に新しい方法というわけではないですけど、配る対象や商品の説明の仕方に工夫をしてみるということです。

M：なるほど。まあ、やってみるか。じゃあ、早速、計画を立ててくれる？

何についての会議ですか。
1　商品の宣伝方法
2　商品の新しい販売方法
3　商品サンプルを配る方法
4　新商品の開発計画

【正解】 1

ことばと表現

□ **対象**　target ／対象／대상

11番
CD2

テレビで、女の人が話しています。

F：ニキビは若者のシンボルだ、などと昔から言われていますが、だからといって、若者にニキビがあるのが普通の状態というわけではありません。ニキビのある肌のせいで自信が持てず、消極的になることもあります。若い人の場合、顔の脂分が多いので、ニキビができやすいのは事実ですが、年を取れば治るとは限りません。若いころのニキビが原因で、年を取ってから、さまざまな肌のトラブルに悩まされる、ということもあります。ニキビができている状態というのは、やはり一種の病気なのです。病気は、ちゃんとした薬で治しましょう。さて、今までニキビの悪化を恐れてお化粧ができなかった皆さん、ご安心ください。この「Gクリーム」は、化粧品の形をとった、ニキビ薬です。お化粧をすることが治療になる、という画期的な薬品です。

何についての話ですか。
1　ニキビの原因
2　ニキビによって起こる病気
3　ニキビと心の病気の関係
4　ニキビを治す薬

【正解】 4

ことばと表現

□ **ニキビ**　pimple ／青春痘／여드름
□ **シンボル**　symbol ／象徴／심벌
□ **〜というわけではない**　〜ということではない
□ **消極的**　passive ／消極的／소극적
□ **脂**　人や動物などの体のあぶら
□ **〜に悩まされる**　〜に悩む
□ **悪化**　getting worse, debasement ／悪化／악화
□ **画期的な**　epoch-making ／画期的／획기적인

12番
CD2

女の人が友だちと話しています。

F1：ねえ、ちょっと聞いて。うちの部長って、ひどいの。資料作りを頼まれた時にちょっと時間がかかったら、こんな簡単な表がすぐできないならやめたほうがいい、とか言うのよ。

❷2：うわっ、最低！

❷1：でしょ。でも、本人はパソコンが全然だめでさ。パソコンに強い男子社員をつかまえては、しょっちゅう同じ質問をしてるんだよ。しかも、すごい基本的なこと。

❷2：それで人のことをばかにするの？　いやな感じね。

❷1：ほんと、そう。まあ、悪い人じゃないんだけど、とにかく口が悪くて。でも、逆にお世辞とか、商品のPRとかはすごくうまいの。感心するくらい。だから、外の人の印象は結構いいのよ。

❷2：外からだとわからないからね。

❷1：まあ、なるべくかかわらないようにするけど。

女の人は部長の何が問題だと言っていますか。

1　人の悪口を言うこと
2　言い方が乱暴なこと
3　相手によって態度を変えること
4　パソコンの知識がないこと

【正解】　2

□**パソコンに強い**　パソコンを得意とする
□**口が悪い**　乱暴な言葉使いをしたり、人に対して意地悪なことを言ったりすること
□**お世辞**　compliment ／恭维／남의 비위를 맞추는 말
□**PR**　PR ／宣传／선전
□**感心(する)**　to be admired ／佩服／감탄(하다)
□**印象**　impression ／印象／인상
□**かかわる**　be concerned ／和-有关／관계하다

13番

テレビで、講演会の放映をしています。

Ⓜ：先進国のエネルギーは、化石燃料、つまり石油や石炭、天然ガスなどに依存しています。この化石燃料は、何億年もかかってつくられた限りある資源ですが、あと数十年でなくなると言われています。あらゆる国が経済の拡大をめざす中、燃料資源のなくなる速度は増す一方です。現在、資源に恵まれている国々も、あと30年、あるいは20年でそれを使いきってしまうかもしれません。そうなれば、世界経済は大変なことになるでしょう。一日も早く、化石燃料に代わる新しいエネルギーが必要です。原子力エネルギーもいいのです

が、さまざまな問題があり、化石燃料の代わりになるのは難しいようです。そこで今注目されているのが、生物のさまざまな働きを利用した、バイオマスエネルギーと呼ばれるものです。

講演は、どんな内容でしたか。

1　化石燃料の役割
2　新しいエネルギー資源の紹介
3　原子力エネルギーの可能性
4　経済中心社会の問題

【正解】　2

□**先進国**　developed country ／发达国家／선진국
□**天然**　人が手を加えていないこと、自然のまま
□**依存(する)**　to depend ／依存／의존(하다)
□**資源**　resources ／资源／자원
□**拡大**　expansion ／扩大／확대
□**燃料**　fuel ／燃料／연료
□**速度**　速さ
□**～する一方**　～してばかり
□**原子力**　atomic energy ／原子能／원자력

14番

会社の入社式で、社長がスピーチをしています。

Ⓕ：まず、この厳しい時代に、こうして皆さんと巡り会えたことを大変うれしく思います。会社にとっても、皆さんにとっても、すばらしい出会いだったと確信します。さて、日本の社会に成果主義の考えが入ってから久しいですが、ここで改めて、成果についての私の考えを述べたいと思います。企業にとって、成果を出すことは、とても重要なことです。成果を出さなければ、会社は成り立ちません。ただ、自分が出した成果を、自分一人で出したものだと思わないでください。皆さん一人一人、とても優秀で、個人の力に大変期待しています。しかし、この不安定な時代だからこそ、組織の力を大切に思ってほしいのです。社員同士は、成果を争う相手ではなく、共に成果を作っていく仲間です。お互いの失敗や力不足を補い、助け合って、会社を盛り立ててください。

社長が社員に求めていることは、何ですか。

1　会社に感謝すること

2 会社を発展させること
3 仲間と助け合うこと
4 成果をしっかり出すこと

【正解】 3

ことばと表現

□**巡り会う** come across ／邂逅、遇见／만나다
□**成果** result ／成果／성과
□**〜してから久しい** 〜してから、ずい分時間がたつ
□**成り立つ** makes ends meet, go ／成立／이루어지다
□**組織** organization ／组织／조직
□**補う** make up for ／补足／보충하다

15番
15
CD2

留守番電話のメッセージを聞いています

Ⓜ：こちら、港区中央図書館です。先日ご返却いただいたCDのうち、『チェロの響き』が、中身が別のものになっていました。お客様個人のものかと思います。お手数ですが、再度お持ちいただけますでしょうか。ご予約いただいているお客様がいらっしゃいますので、なるべく早めにご返却いただければと思います。お客様のCDは、貸し出しカウンターのほうでお預かりしておりますので、そちらまでお訪ねください。なお、当館の開館時間は朝9時から夕方5時までです。夜間用の返却ポストもありますが、こちらは本のみで、CDはご利用になれません。では、よろしくお願いいたします。

何についてのメッセージですか。
1 予約したCDの用意ができた
2 忘れ物を取りに来てほしい
3 貸し出しの期間が過ぎている
4 CDの中身が違っていた

【正解】 4

ことばと表現

□**響き** vibrancy, sound／反响、余韵／울림
□**再度** もう一度
□**返却** （施設などに）返すこと
□**夜間** 夜の時間

16番
16
CD2

男の学生と女の学生が就職の面接について話しています。

Ⓕ：昨日、ABC広告の面接だったんでしょ。お疲れさま。で、どう？ うまく話せた？

Ⓜ：うーん……まあまあって感じかなあ。昨日は集団面接で、こっちが4人で、向こうが3人。質問はだいたい予想してた通りだったんだけどね。学生時代に何に力を入れたかとか、どんな仕事をやってみたいかとか、どうしてうちを選んだかとか……。でも、就職の面接を受けるの初めてだから、やっぱりちょっと緊張した。だいぶ練習したんだけど、途中で忘れたりしたよ。あと、突然、質問が飛んで来たりもしたしね。「ワンさんはどう思いますか」とか。あそこでうまく答えるのは難しいよ。でも、みんな、結構落ち着いてたんだよね。びっくりした。話もうまいし。だから、余計に焦っちゃったな。まあ、今度はもうちょっとうまく話せると思うけど。

男の学生は、面接についてどうだったと言っていますか。
1 合格するのは難しい。
2 変わった面接のスタイルだったので、驚いた。
3 予想していた質問と違い、あわてた。
4 緊張してうまく話せなかった。

【正解】 4

17番
17
CD2

テレビで、男の人が話しています。

Ⓜ：企業の国際化が進む中、外国人を採用する企業が増えています。大手電気メーカーの多くが採用を増やし、海外に支社や支店などを置く企業は、将来の管理職として大きな期待をよせています。しかし、こうした流れは、何も大企業や国際的な事業展開をする会社に限ったことではありません。従業員が10人に満たない小さな会社や地方の古い会社、あるいは、伝統的な産業や公的なサービスを行う分野などでも、外国人を積極的に採用する動きが見られます。今後さらに、こうした傾向が続くと思われます。日本人の若者がだめ

というわけではないでしょうが、企業も生き残る
ために必死ですからね。

男の人は、主に何について話していますか。
1　企業がどんどん海外に進出していること
2　外国人の活躍の場が広がっていること
3　日本人の若者にもっと努力してほしいこと
4　外国人のほうが日本人より採用されていること

【正解】　2

ことばと表現

□**大手**　（企業などが）大きい
□**採用**　Adoption／录用／채용
□**メーカー**　manufacturer／厂家／메이커
□**管理職**　managerial class／管理职位／관리직
□**事業**　business, enterprise／事业／사업
□**展開**　development, deployment／展开、开展／전개
□**〜に限ったことではない**　〜だけのことではない
□**従業員**　その会社で働く社員やスタッフ

18番　CD2

男の人が講演会で話しています。

Ⓜ：現在、工場で活躍するロボットは、人間には困難
な作業を、人間の代わりに、しかも、はるかに速
い速度で行っています。食品を加工したり、機械
や自動車を組み立てたりなど、さまざまな製品の、
さまざまな製造過程で使われています。ロボット
はまた、災害が起きた場所での救助活動などにも
使われています。そうした中、今後ますます注目
したいのが、直接、一人一人の人間を助けるロボ
ットです。体の不自由な方やお年寄りの手となり
足となり、生活をサポートする役割です。当然、
これまでよりさらに人間に近い、細やかな動きや
判断が求められることになります。

今後、ロボットに期待されるのは、どんなことですか。
1　人間の代わりに、すべての作業を行うこと
2　個人の生活を助けること
3　地震や火事などのときに人を助けること
4　より速く、よりたくさん作業を行うこと

【正解】　2

ことばと表現

□**加工**　processing／加工／가공

□**製造**　production／制造／제조
□**過程**　course／课程／과정
□**災害**　disaster／灾害／재해
□**救助**　rescue／救助／구조
□**細やかな**　sensitive, scrupulous／细小的、细心周到的／세세한

19番　CD2

ビジネス講座で、男の人が話しています。

Ⓕ：この講座では、大学でコミュニケーション学を教
えていらっしゃる、中山新一先生にお話いただき
ます。では先生、お願いします。
Ⓜ：中山です。自分の言いたいことがうまく相手に伝
わらないという方、また、発表やスピーチを前に
するといつも不安だ、という方もいらっしゃると
思います。この講座では、そういった方々に、少
しでも収穫なりヒントなりをつかんでいただけれ
ばと思います。えー、言うまでもなく、自分の言
いたいことを相手にわかりやすく伝えることは、
仕事において、とても重要なことです。上司への
報告・連絡・相談、部下への指示、顧客への説明
やプレゼンテーション、などなど、あらゆる場面
で求められる能力であり、トレーニングすべき技
術でもあります。その中でも今日は特に、会議や
プレゼンテーションでのポイントについて、お話
ししたいと思います。

男の人は、主に何について話していますか。
1　言いたいことが伝わる話し方
2　人前で緊張しない方法
3　プレゼンテーションの方法
4　人とのコミュニケーション

【正解】　1

20番　CD2

テレビで、男の人が話しています。

Ⓜ：私は漫画を否定するものでは全くありません。む
しろ、漫画の果たしてきた文化的な役割と可能性
について、おおいに評価するものです。昔はよく、
漫画ばかり読んでいると成績が悪くなるなどと言
われ、教育上、批判的に見られることが多かった
ですが、今では、そういうことを言う人はあまり

いないでしょう。教師も親も、皆、漫画が好きですからね。ただ、本当に漫画ばかりとなると、話は別です。日本には昔から今日まで、多くのすぐれた小説があります。ぜひ、そうした作品の世界と日本語の表現に触れてほしいと思います。特に少年期に、たくさんの名作を読むことをおすすめします。

男の人は、中学生、高校生に対して、何をすすめていますか。
1　いい小説をたくさん読むこと
2　昔のいい漫画の作品も読むこと
3　漫画を読むのをやめて、小説を読むこと
4　漫画について、いい作品と悪い作品を区別すること

【正解】　1

ことばと表現

□**可能性**　possibility／可能性／가능성
□**おおいに**　非常に、大変
□**批判的に**　critically／批判性的／비판적으로
□**触れる**　refer, touch／接触／접하다
□**名作**　すぐれた作品

問題4 （即時応答）

1番 21 CD2

Ⓜ：あのー、このパンフレット、いただいてもいいですか。

Ⓕ：1　ええ、どうぞ。

　　2　ええ、いただきます。

　　3　ええ、結構です。

【正解】 1

2番 22 CD2

Ⓕ：今日、そちらに伺ってもいいですか。

Ⓜ：1　そうですね、うかがっていただけますか。

　　2　あ、今日はちょっと……。

　　3　はい、こちらにどうぞ。

【正解】 2

3番 23 CD2

Ⓕ：こちらのお皿、お下げしてもよろしいでしょうか

Ⓜ：1　はい、お下げしてください。

　　2　ええ、よろしいです。

　　3　あ、お願いします。

【正解】 3

ことばと表現

□**下げる**　ここでは「このテーブルから片づける」という意味。

4番 24 CD2

Ⓕ：さっき変な人に声かけられたの。

Ⓜ：1　うそ。何て言ってきたの？

　　2　それは大変でしたね。

　　3　そうだね。気持ち悪いね。

【正解】 1

5番 25 CD2

Ⓜ：今日は久しぶりに会えて、楽しかった。

Ⓕ：1　うん、そうだったね。

　　2　うん、また会おうよ。

　　3　ほんと、楽しみだね。

【正解】 2

6番 26 CD2

Ⓜ：鈴木と申します。今日からこちらでお世話になります。よろしくお願いします。

Ⓕ：1　あ、こちらこそ。

　　2　はい、どういたしまして。

　　3　そうですか。お世話さまです。

【正解】 1

ことばと表現

□**世話になる**　be taken into care by ／给人添麻烦、受人帮助／신세를 지다

7番 27 CD2

Ⓕ：あれ？　林君？　眼鏡だから気づかなかったよ。

Ⓜ：1　え、そんなことないって。

　　2　ああ、たまにかけるんだよ 。

　　3　あれ？　目が悪かった？

【正解】 2

8番 28 CD2

Ⓜ：あのう、ここ、駐車禁止なんです。動かしてもらえませんか。

Ⓕ：1　すみません、すぐに動かします。

　　2　わかりました。あとで動かしてあげます。

　　3　いいですよ。どこに動かせばいいですか。

【正解】 1

ことばと表現

□**駐車（する）**　to park ／停放汽车／주차 (하다)

9番 29 CD2

Ⓕ：ねえ、今日は練習、なくなったんじゃなかった？

Ⓜ：1　いや、今日はなくなったよ。

　　2　ううん、それは明日だよ。

　　3　うん、今日か明日にやるみたいだね。

【正解】 2

ことばと表現

□**なくなったんじゃなかった？**　「なくなったのではなかったでしょうか」。「なくなったと思うけれど、どうだった？」と確認している。

10番 30 CD2

Ⓕ：すみません、アンケートにお答えいただけませんか。

M：1　ごめんなさい、今、急いでいるので……。
　　2　いいえ、お答えすることができません。
　　3　いいですね。そうしましょう。

【正解】　**1**

11番 31 CD2

F：合格なさったそうで、よかったですね。
M：1　はい、おかげさまで、何とか。
　　2　いいえ、私一人の力じゃありません。
　　3　たいしたことじゃありませんので、どうぞお
　　　　かまいなく。

【正解】　**1**

ことばと表現

□**おかげさまで**　fortunately／托您的福、谢谢您／덕분에
□**たいしたことじゃない**　すごいことではない。

12番 32 CD2

F：あのう、失礼ですが、山田さんじゃありませんか。
M：1　いえ、違います。
　　2　いえ、そうじゃありません。
　　3　ええ、私じゃないです。

【正解】　**1**

13番 33 CD2

F：どこかお出かけですか。
M：1　いえ、それほどじゃありません。
　　2　ええ、近くの場所に。
　　3　ええ、ちょっとその辺まで。

【正解】　**3**

ことばと表現

□**ちょっとその辺まで**　近所の人などに、挨拶がわりにどこに行くか聞かれたときに使う言葉。

14番 34 CD2

M：いったいどういうつもりなんだ！
F：1　はい、必ずそうしたいと思っております
　　2　いえ、そんなつもりではなかったんです。
　　3　すみません、何か問題があったでしょうか。

【正解】　**3**

ことばと表現

□**いったいどういうつもり**　相手に対して怒っているときに使う言葉。

15番 35 CD2

M：お目にかかれて、大変うれしく存じます。
F：1　こちらこそ、光栄に存じます。
　　2　喜んでいただけて幸いです。
　　3　いえいえ、とんでもないです。

【正解】　**1**

ことばと表現

□**光栄**　honor／光荣／광영
□**幸い**　「～て幸い」の形で、「～てうれしい」の意味。
□**とんでもない**　そんなことはない

16番 36 CD2

F：健康のために、ヨガを習おうと思っているの。
M：1　へー、それは知らなかった。
　　2　へー、週何回行っているの？
　　3　へー、ぼくも何か習おうかな。

【正解】　**3**

ことばと表現

□**ヨガ**　yoga／瑜伽／요가

17番 37 CD2

M：もしもし、ＡＢＣ商事の山本と申しますが、田中課長はいらっしゃいますか。
F：1　申し訳ありません、田中課長はただ今、いらっしゃいませんが。
　　2　申し訳ありません、田中さんはただ今、席を離れておりますが。
　　3　申し訳ありません、田中はただ今、席をはずしておりますが。

【正解】　**3**

ことばと表現

□**席を離れる**　「今席にいない」という意味。

18番 38 CD2

F：結婚おめでとう。どうぞお幸せに。
M：1　どういたしまして。
　　2　いいえ、そちらこそお幸せに。
　　3　ありがとうございます。幸せになります。

【正解】　**3**

19番

Ⓜ：田中さん、これ、住所、合ってる？　もう一回確認しておいたほうがいいんじゃない？

Ⓕ：1　いえ、ちゃんと確かめたほうがいいです。
　　2　大丈夫ですよ。もう二回確認しましたから。
　　3　なるほど、それはいいかもしれませんね。

【正解】2

20番

Ⓜ：昨日、この石につまずいて、ころびそうになったんですよ。

Ⓕ：1　それは困りましたね。どうしましょう。
　　2　それは大変でしたね。どうぞお大事に。
　　3　危なかったですね。けがはありませんでしたか。

【正解】3

ことばと表現

□**つまずく**　to stumble／絆倒、跌交／걸려 넘어질 뻔하다

21番

Ⓜ：あれ、待ってたの？　先に食べてくれればよかったのに。

Ⓕ：1　じゃ、あとで食べようかな。
　　2　でも、一緒に食べたかったから。
　　3　うん、よかったら食べてあげるよ。

【正解】2

ことばと表現

□**～てくれればよかったのに**　相手を責める意味にもなるが、ここでは「自分のことは気にせずに～すればよかったんだよ」と言う意味。

22番

Ⓜ：これ、値段の割に悪くないね。

Ⓕ：1　うん。結構いいと思う。
　　2　そうね。ちょっとよくないかも。
　　3　そうかなあ。いいと思うよ。

【正解】1

ことばと表現

□**値段の割に**　値段が高い／安いけれど～という意味。ここでは、「悪くない」と一緒に使っているので、「値段が安いけれど」という意味になる。

23番

Ⓜ：私ももう、年ですから、いつどうなるかわかりませんよ。

Ⓕ：1　そうですね、どうにもなりませんね。
　　2　そうでしたか。気がつきませんでした。
　　3　そんなこと言わないでくださいよ。

【正解】3

ことばと表現

□**年だから、いつどうなるか**　「年齢が高くなったので、自分の体にいつ何が起こるかわからない」ということ。

24番

Ⓜ：そんなことを言ったんですか。彼女らしくないなあ。

Ⓕ：1　うん、どうしちゃったんだろう。
　　2　ほんと、彼女らしいですね。
　　3　じゃあ、どうしましょう。

【正解】1

25番

Ⓕ：あなたの気持ちはわからないこともないけど、ちょっとねえ……。

Ⓜ：1　そうですか、すみません。
　　2　そんなことはないんじゃないですか。
　　3　わかってくださって、ありがとうございました。

【正解】1

ことばと表現

□**わからないこともない**　「わかるとはっきり言うことはできないが、わからなくもない」という意味。
□**ちょっと**　ここでは「あまりよく思っていない」という意味。

26番

Ⓜ：それはそのままにしておいてもらえますか。

Ⓕ：1　わかりました、もらっておきます。
　　2　えっ？　戻さなくていいんですか。
　　3　そこにおけばいいんですね。わかりました。

【正解】2

問題5 （統合理解）

1番　47 CD2

女の学生が、旅行会社の人と電話で話しています。

F1：ABCトラベルの林です。一昨日お申し込みいただいた航空券ですが、お取りしましたので。

F2：そうですか。よかったです。明後日の何時ですか。

F1：いえ、明後日ではありませんが……。お取りしたのは、明日の16時発の便ですが。お申込書にもそのように書いてあります。

F2：えっ？ 明後日のチケットを申し込んだはずですけど。明日はまだ学校があるから、行けません。

F1：はー。・・・では、キャンセルなさいますか。

F2：はい、明後日に変えてください。

F1：そうしましたら、前日のキャンセルということで、代金を全額お支払いいただくことになりますが、よろしいですか。

F2：全額!? そんな……。無理です。何とかなりませんか。

F1：申し訳ありませんが、規則になっておりますので……。

F2：わかりました。明日は休むことにします。

女の学生は、どうすることに決めましたか。

1　チケットをキャンセルする
2　明後日チケットの申し込みをする
3　明日の飛行機に乗る
4　明後日の飛行機に乗る

【正解】 3

ことばと表現

□**代金**　price ／費用／대금
□**規則**　rule ／規則／규칙

2番　48 CD2

二人の女の学生が、友だちのお見舞いについて話しています。

F1：鈴木君、交通事故にあったんでしょ？ びっくりした。

F2：足を骨折したんだって。自転車に乗っている時に、車にぶつけられたって。その車、スピード

の出し過ぎで、カーブを曲がりきれなかったみたい。

F1：えー、ひどいね。鈴木君、かわいそう。・・・ねえ、お見舞いに行かない？

F2：うん。今、県立病院に入院してるんだって。いつ行く？ 今日はもう遅いから、明日のほうがいいね。明日、授業は？

F1：2限だけ。

F2：私は1限と2限。じゃあ、2限が終わった後に行けるね。

F1：あっ、だめだ。1時に先生と会う約束があった。・・・でも、そんなに時間かからないから、2時以降なら大丈夫。

F2：じゃあ、私、駅前の書店にいるよ。たぶん、パソコン雑誌のところにいると思うから探して。

F1：わかった。

二人はいつお見舞いに行きますか。

1　先生と会ってから
2　本屋で会ってから
3　2限目の授業が終わってから
4　パソコンルームで会ってから

【正解】 2

ことばと表現

□**骨折（する）**　to break one's ~ ／骨折／골절(하다)
□**県立**　県の、県が持っている
□**〜限**　「〜時限」の簡単な言い方。大学で、授業の時間割を示すもの。

3番　49 CD2

会社で、男の人二人と女の人が話しています。

F：高田さん、風邪ですか。

M1：いえ、花粉症なんです。

M2：そうだ、そろそろ花粉症の季節だ。いやだなあ。

M1：ほんとに。僕も最初は、花粉症になんかならないと思ってたんですけどね。去年、ついになりましたよ。

M2：僕はこの会社入ってからだから、なって5年かな。

F：そうなんですか。お二人とも、ずっとマスクしてるんですか。

M1：いつもしてるよ。そういえば、森さんも今朝、マスクしてなかった？

Ⓕ：私はインフルエンザの予防なんです。今、流行っ
　　てますから。

Ⓜ2：そうなんだ。森さんも花粉症なんじゃないかと
　　思ったよ。

Ⓕ：そのうちなるかもしれませんけど、今のところは
　　大丈夫です。

誰が花粉症ですか。
1　女の人
2　女の人と男の人
3　二人の男の人
4　全員

【正解】3

ことばと表現

□ **花粉症**　hay fever ／花粉过敏症／꽃가루 알레르기

□ **マスク**　mask ／口罩／마스크

□ **インフルエンザ**　influenza ／流感／인플루엔자

□ **予防（する）**　to prevate ／预防／예방（하다）

4番　50 CD2

男の人が、歯医者の受付の人と電話で話しています。

Ⓕ：はい、村田歯科です。

Ⓜ：あのー、すみません、初めてなんですけど。

Ⓕ：はい。どんな具合でしょうか。

Ⓜ：右の上の奥歯がずきずき痛むんです。甘い物や冷
　　たい物を食べたとき、特に。できるだけ早くお願
　　いしたいんですが。

Ⓕ：今からいらっしゃることはできますか。

Ⓜ：いや、それは無理です。午後、5時ぐらいは空い
　　ていないでしょうか。

Ⓕ：夕方のその辺りは、いっぱいなんですよ。その前
　　なら空いてますが。3時はいかがですか。

Ⓜ：うーん、ちょっと難しいです。

Ⓕ：そうですか……。ああ、明日でしたら、5時でも
　　大丈夫ですが。

Ⓜ：そうですか。じゃあ、明日にします。…あ、でも、
　　ちょっと待ってください。やっぱりすごく痛いか
　　ら、今日の午後、何とか都合つけます。

男の人は、いつ歯医者に行きますか。
1　今すぐ
2　今日の3時
3　今日の5時
4　明日の5時

【正解】2

ことばと表現

□ **歯科**　歯医者　※治療をする場所で、人の意味はない。

□ **奥歯**　molar ／槽牙、臼齿／충치

□ **ずきずき**　throbbingly ／脉动似的连续发疼状／욱신욱신

□ **都合をつける**　arrange ／设法安排（筹措）／형편을 대다

5番　51 CD2

三人の学生が話しています。

Ⓜ1：来年、就職活動か……。景気がよくなってく
　　れればいいんだけど、このままじゃ、厳しいだ
　　ろうな。

Ⓕ：　そうだね。二人はどういうところに行きたい
　　の？

Ⓜ1：うーん、やっぱり安定しているところがいいな。

Ⓜ2：おれは、お金はそんなによくなくていいから、
　　自分の時間がちゃんと持てるところがいいな。

Ⓕ：どこも忙しいんじゃない？　公務員とかなら別
　　だけど。

Ⓜ2：まあね。でも、日本の社会がもっとワークシェ
　　アリングをすれば、もう少しいろいろな選択が
　　できると思うんだよな。

Ⓕ：ああ、ワークシェアリングね。一つの仕事を、
　　二人とか三人とかで、分けてやるんでしょ。最
　　初の半年をAさんがやって、残りの半年をBさ
　　んがやるとか。でも、それだと収入が減るじゃ
　　ない。それは困るよ。

Ⓜ2：何とかなるって。そこで働かない間は、別の仕
　　事をすればいいし。それに、余裕があれば、自
　　分の趣味とか家族のために時間を使えるからね。

Ⓜ1：なるほどね。でも、その前にちゃんと卒業でき
　　るかのほうが問題だった。せっかく就職が決ま
　　っても、あとで取り消しになったら、泣いちゃ
　　うよ。

Ⓜ2：確かに。おれなんか、後期は一個も休めないよ。

Ⓕ：　私もー。国際経済論が心配。

学生たちは、今、何を一番心配していますか。
1　学校の成績
2　就職活動
3　仕事のスタイル
4　日本の景気

【正解】 1

ことばと表現

□**就職活動**　Job hunting ／就職活動／취직활동

□**景気**　economy ／景气／경기

□**安定(する)**　to stabilize ／安定／안정(되다)

□**公務員**　civil servant／公务员／공무원

□**選択**　choice／选择／선택

□**収入**　income／收入／수입

□**余裕**　time to spare, leeway／余裕、富余／여유

□**一個も〜ない**　一つも〜ない　※会話的な表現

6番　

会社で、女の人二人と男の人が話しています。

Ⓜ：石井さん、今度、結婚するんでしょ。式とか、どうするのかなあ。

Ⓕ1：ああ、しないって言ってたよ。新婚旅行もだって。

Ⓕ2：そうなんだ。すればいいのにね。せめて旅行くらい。

Ⓕ1：落ち着いたら行くって言ってたけどね。相手のほうがしばらく忙しいんだって。

Ⓕ2：まあ、人それぞれだからね。それはそれとして、みんなで何かお祝いしたいよね。

Ⓜ：もちろん。どういうのがいいかなあ。新しいマンションに移るんでしょ。台所用品とか？

Ⓕ1：彼女、料理が好きだからいいかも。あと、ワインも好きだったなあ。

Ⓕ2：みんなにアイデア出してもらおうよ。お金もだけど。一人1000円かな。

Ⓕ1：そうね。じゃ、まず声をかけないとね。2階の人全員と、ほかの階で仲のいい人5、6人って感じ？

Ⓕ2：そうだね。じゃ、メールは私が送っておくから、お金を集めるときに手伝ってくれる？

Ⓕ1・Ⓜ：わかった。

女の人が送るメールは、主にどんな内容ですか。

1　プレゼントに協力してほしい
2　引っ越しを手伝ってほしい
3　パーティーに参加してほしい
4　結婚式に出席してほしい

【正解】 1

ことばと表現

□**新婚旅行**　honeymoon／新婚旅行／신혼여행

□**落ち着く**　仕事や用事などが終わる　to calm down ／告一段落、安稳下来／진정되다

□**人それぞれ**　人によっていろいろ

□**台所用品**　kitchen utensils ／厨房用品／주방용품

□**声をかける**　誘う

7番　

会社で、男の人と女の人が、新人の歓迎会について話しています。

Ⓕ：ねえ、新人歓迎会の日にち、決まった？

Ⓜ：いや、それがまだなんだ。なかなか調整が難しくて……。来週のどこかでやったほうがいいと思うんだけど。

Ⓕ：そうだよ。早く決めなきゃ。

Ⓜ：うん。でも、まず来週の火曜まで山下課長が出張でしょ。水曜は研修セミナーに何人か行くでしょ。

Ⓕ：木曜は部長がいなかったんじゃない？

Ⓜ：そうなんだよ。金曜は夕方、中国からのお客さんが来るし……。

Ⓕ：でも……ちょっと待って。研修セミナーって、次の週からじゃなかった？　たしか月の最初の週からだったと思う。

Ⓜ：えっ？　・・・あ、ほんとだ。ごめん。

Ⓕ：あと、山下課長、予定表だと火曜の午後からの出社だった気がする。だから、火曜も大丈夫だよ。・・・まあ、でも、きっと疲れてるだろうから、その日じゃないほうがいいか。

Ⓜ：うん、それはやめとこう。じゃあ、決まりだ。すぐみんなにメールしておくよ。ありがとうね。

新人の歓迎会は、来週のいつになりますか。

1　火曜日
2　水曜日
3　木曜日
4　金曜日

【正解】 2

ことばと表現

□**調整(する)**　to adjust ／调整／조정(하다)

□**セミナー**　seminar ／研讨会／세미나

8番

<ruby>授業<rt>じゅぎょう</rt></ruby>の<ruby>後<rt>あと</rt></ruby>、<ruby>留学生<rt>りゅうがくせい</rt></ruby>と<ruby>日本人<rt>にほんじん</rt></ruby>の<ruby>友<rt>とも</rt></ruby>だちが<ruby>話<rt>はな</rt></ruby>しています。

F：田中さん、今の講義ですけど、難しい言葉が多くて、よくわからなかったんです。ちょっと説明してもらえませんか。

M：いいよ、あまりうまくないと思うけど。…えっと、まず、日本は経済が大変だ、大変だって、みんな言ってるけど、国が国民に借金しているだけだから、そんなに悪い状態というわけでもない、っていう話。それから、日本の会社の中でも外国資本の会社の場合、外国に借金をしていることになるから、そういう会社が増えると日本の経済は本当に悪い状態になる、って。でも、外国資本の会社はそんなに多くないから、日本政府は国民にゆっくり借金を返していけばいい。だから、国民は心配しないで、積極的にビジネスをしたほうがいい、っていうような話。

F：ふーん、そうなんですか。田中さんもそう思いますか。

M：うーん、ぼくはやっぱり日本の経済は心配だなあ。景気のいいニュースが少ないし。

F：私、日本の人たちはみんなまじめで一生懸命働くから、大丈夫だと思いますよ。

M：そうだといいけどね。

どんな内容の講義でしたか。
1　日本は外国資本の会社が多いので、経済は大変問題である。
2　日本は外国資本の会社が多いので、経済はそれほど悪くない。
3　日本は外国資本の会社が多くないので、経済は大変問題である。
4　日本は外国資本の会社が多くないので、経済はそれほど悪くない。

【正解】　4

ことばと表現

□**借金（する）**　debt ／借钱／빚을 내다
□**資本**　capital ／资本／자본
□**積極的**　positive ／积极的／적극적

9番

<ruby>会社<rt>かいしゃ</rt></ruby>で、３<ruby>人<rt>にん</rt></ruby>が<ruby>話<rt>はな</rt></ruby>しています。

F1：表紙の色だけど、どれがいいと思う？

F2：私はこの赤。ちょっと派手だけど、これなら間違いなく目立つと思う。

M：ぼくはこの黄色がいいなあ。明るくて元気がある感じがして。

F2：課長はどれがいいと思うんですか。

F1：全体のバランスがいいと思うのは青だけど、この赤とか黄色に比べると、ちょっとおとなしいかな。赤と黄色は、どっちもいいと思う。あと、入門者向けの本だから、緑もいいんだけどね。新鮮な感じがして。

F2：そうですね。これからスタートっていう感じがして、いいですね。

F1：でも、ふじ出版から出ているのが緑だから、ちょっと似ちゃうんだよね。別に同じでもいいんだけど、並ぶと、あんまり目立たないと思う。

M：そうか……。それは面白くないなあ。やっぱり色は変えたいですね。そうすると、赤じゃないですか。

F1：そう言えば、さくら出版から今度出るのが黄色だったと思う。じゃ、これもだめだ。

M：うん、いいと思いますよ。きれいな色だし。

どの色にしますか。
1　青
2　赤
3　黄色
4　緑

【正解】　2

ことばと表現

□**表紙**　cover ／封面／표지
□**間違いなく**　必ず
□**目立つ**　outstand ／醒目／두드러지다
□**出版**　publication ／出版／출판

10番

<ruby>店<rt>みせ</rt></ruby>で、<ruby>男<rt>おとこ</rt></ruby>の<ruby>人<rt>ひと</rt></ruby>と<ruby>女<rt>おんな</rt></ruby>の<ruby>人<rt>ひと</rt></ruby>が<ruby>店員<rt>てんいん</rt></ruby>と<ruby>話<rt>はな</rt></ruby>しています。

M1：あの、お客様、当店のポイントカードはすでにお持ちでしょうか。

F：いえ、持ってないです。

M1：そうですか。すぐにお作りすることができるんですが、いかがでしょうか。本日からお使いになれますが。

Ⓜ2：それって、クレジットカードといっしょになっ
　　　てるんですか。
Ⓜ1：どちらでもお作りすることができます。一緒に
　　　なったものでも、お付けしないものでも。お客
　　　様に選んでいただきます。
Ⓕ：　あのー、それを使うと何が得なんですか。
Ⓜ1：まず、カードのご利用額100円ごとに1ポイン
　　　ト貯まっていきまして、貯まったポイントは、
　　　1ポイント1円としてお使いいただけます。そ
　　　れから、お客様感謝デーとして、毎週金曜日
　　　はポイントが3倍、第1・第3月曜日は5倍に
　　　なります。
Ⓜ2：まあ、悪くないんじゃない。
Ⓕ：　じゃあ、今日これを買ったら2800円だから、28
　　　ポイントかける3で……。うん、けっこう貯ま
　　　るかも。私はいいよ、作っても。木村君は？
Ⓜ2：うーん……。なんか、こういうので個人情報
　　　が流れたりすることがあるからなあ。とりあえ
　　　ず、今日はいいや。
Ⓕ：　じゃあ、私は作っちゃうから、ちょっと待ってて。
Ⓜ1：では、お手続きはこちらのカウンターでお願い
　　　いたします。

男の人は、どうしてポイントカードを作らないのです
か。

1　作るのに時間がかかりそうだから
2　クレジットカードと一緒になっているから
3　ポイントがあまり貯まらないように思ったから
4　名前や住所が勝手に利用されないか、心配だから

【正解】 4

ことばと表現

□〜デー　〜の日　※「デー」は英語の「day」から
□かける　計算式の「×」のこと
□個人情報　住所・名前・電話番号・年れいなど、その人に
　関する情報。
□流れる　ここでは、「そのほかの人のところへ情報がいく」
　という意味。
□手続き（する）　procedure ／（カ）手续／수속（하다）
□なんか　なんとなく
□こういうので　こういうことに関係して
□今日はいい　今日は必要ない

問題 1 （課題理解）

1番
CD3

図書館の受付で、女の人と男の人が話しています。男の人は、このあとどうしますか。

F：どうぞ。

M：はい。あ、この本だけ続けて借りたいんですけど。こっちの2冊は返します。

F：わかりました。こちらだけ延長ですね。ほかにご予約の方がいらっしゃらなければ、続けてお借りいただけますので……。少々お待ちください。

M：あ、はい。

F：予約の方が何人かいらっしゃいますね。申し訳ありませんが、いったん返却してから、予約していただくことになります。予約は……5番目になりますね。

M：そうですか、わかりました。

F：では、こちらの2冊だけ元の場所にお戻しください。今、ご予約されますか。

M：いえ、予約はいいです。・・・どうも。

男の人は、このあと何をしますか。

【正解】 3

ことばと表現

□**延長**　extension／延长／연장
□**返却**　return／归还／반납
□**手続き**　procedure／手续／수속
□**貸し出し**　rental／借出／대출

2番
CD3

女の人が、電話で友だちと話しています。女の人は、バスの停留所に着いたら、まず何をしますか。

F2：あ、ミカだけど、今、駅に着いたところ。

F1：あ、ミカ？　早かったね。バス乗り場、わかる？

F2：うん。これから乗るんだけど、降りるのって、なんとか橋だったよね。

F1：そう、富士見橋。駅から15分くらいで着くと思う。

F2：わかった。そこから川沿いに歩くんだよね。

F1：うん。でも、迎えに行くから、着いたらケータイに電話してくれる？

F2：了解！　じゃ、そこで待ってればいいのね？

F1：うん、そうして。じゃあ、あとで。

F2：うん。じゃあね。

女の人は、バスの停留所に着いたら、まず何をしますか。

【正解】 1

ことばと表現

□**川沿い**　riverbank／沿着河边／강가

3番
CD3

女の人と男の人が案内状の書き方について話しています。どの部分を書き直しますか。

F：セミナーの案内状作ったんだけど、ちょっと見てもらっていい？

M：うん、いいよ。

F：これなんだけど、どう？

M：そうだね、タイトルはこんな感じでいいんじゃない？　あ、問い合わせ先がないよ。一番下に田中さんの名前とメールアドレスを書いとけば？

F：あ、そうね。ほかには？

M：うん。日時と場所はこれでいいと思うけど、右の地図がちょっと小さいかな。もうちょっと大きくしてもいいんじゃない？　それから……初めのあいさつ文がちょっと長いかな。まあ、でも、こんなもんかな。うん、いいと思う。

F：ありがとう。じゃあ、直したらまた見てね。

どの部分を書き直しますか。

【正解】 4

ことばと表現

□**タイトル**　title／题目／타이틀

4番
CD3

男の人と女の人が、コンサートのチケットを買おうとしています。どの席のチケットを買いますか。

Ⓕ：今空いてるのがこの４カ所だって。

Ⓜ：あ、S席もまだ残ってるんだ。いい席だね、ここ。目の前だよ。

Ⓕ：ほんとだ。でも15000円だからね、無理でしょう？

Ⓜ：そうだね。ちょっと無理だね。でも、あんまり後ろじゃ、全然見れないからなあ。それはいやだな。やっぱり、顔とか楽器弾いてるところを見たいよ。

Ⓕ：私も。じゃ、A席にする？　10000円だけど。

Ⓜ：10000円か……。あ、でも、ここ、前から１列目だから悪くないね。

Ⓕ：そうね。あと、このB席。5000円だから、そんなに高くないね。席もほぼ中央だし。お得かも。

Ⓜ：そうだね。でもやっぱり、せっかくだから、近くで見たいな。ここ、ちょっと端のほうだけど、一番前だからけっこう見えると思う。

Ⓕ：わかった。次、日本でいつやるか、わからないしね。

どの席のチケットを買いますか。

【正解】2

□**目の前**　すぐそば

□**せっかくだから**　めったにないことだから、何度もない貴重な機会だから

□**展示会**　exhibition ／展示会／전시회

□**スタッフ**　staff ／職員／스태프

□**ぎりぎり**　それが許される限界で、それ以上だとだめな状態

□**手が足りない**　仕事をする人の数が足りない

□**応援**　ここでは「手伝い、協力」の意味

5番

会社で、男の人と女の人が話しています。男の人はこれからどうしますか。

Ⓕ：ああ、田中さん、木田さんが熱を出して、展示会に出られなくなってしまったんです。

Ⓜ：えっ、木田さん、行けなくなったの!?　困ったなあ。展示会のスタッフはぎりぎりだったんだよ。手が足りなくなるなあ。

Ⓕ：そうなんですか。どうしましょう。

Ⓜ：うーん。ちょっと課長に相談して、ほかの課に応援を頼めないか、聞いてくれる？

Ⓕ：すみません、これからお客さんと打ち合わせが入っていて、今すぐには行けないんですが。

Ⓜ：そうか。じゃあ、僕が相談してくるよ。

Ⓕ：すみません。お願いします。

男の人は、これからどうしますか。

【正解】2

問題2（ポイント理解）

1番　[6 CD3]

二人の男の人が話しています。二人は、いつモンゴル料理を食べに行きますか。

Ⓜ1：今のお店は、どうでした？

Ⓜ2：うーん、まあまあかな。でも、ランチにしてはちょっと高かったかな。

Ⓜ1：そうですね。あ、そう言えば、この前テレビで紹介してたモンゴル料理のお店がおいしそうでしたよ。駅の反対側に最近できたお店で、値段も結構安そうでした。

Ⓜ2：へー、モンゴル料理か。いいね。行ってみたいね。早速、今日にでも行ってみようか。それか、明日でもいいけど。

Ⓜ1：そうですね……。今日は6時から会議が入っちゃってるんですよ。

Ⓜ2：あ、そう……。いいよ、会議が終わるまで待ってるから。

Ⓜ1：それが、この会議、長くなることが多いんですよね。あまり待たせるのも悪いですから、明日は特に何もないし、早めに帰れるんですけどね。

Ⓜ2：いいよ、わかった。

二人は、いつモンゴル料理を食べに行きますか。

【正解】　4

ことばと表現

□**モンゴル**　Mongolia／蒙古／몽골
□**待たせるのも悪い**　待たせるのも申し訳ない。

2番　[7 CD3]

女の人が友だちと話しています。女の人は、どうして引っ越しをしますか。

Ⓕ1：私、来月引っ越すんだ。

Ⓕ2：えっ、引っ越すの!?　何で？　今のところ、すごく気に入ってたじゃない。

Ⓕ1：うん、そうなんだけど……。2カ月前に、大家さんに急に言われて。

Ⓕ2：出て行ってほしいって？

Ⓕ1：うん。アパートを建て替えるって。まあ、確か

に築30年だからね。もう限界なんだって。

Ⓕ2：そうなんだ。引っ越し費用は全部出してくれるんでしょ？

Ⓕ1：うん。それはよかったんだけど、ほかに住むところなんて考えてなかったから。

Ⓕ2：そりゃ、そうだよね。で、見つかったの？　次のアパート。

Ⓕ1：うん、大家さんが紹介してくれた。結局、今のところから歩いて10分くらいのところ。

Ⓕ2：じゃ、とりあえず安心ね。引越し手伝うよ。

女の人は、どうして引っ越しをしますか。

【正解】　1

ことばと表現

□**建て替える**　一度こわして、新しく建てる
□**築〜年**　建ててから〜年
□**限界**　limit／极限／한계

3番　[8 CD3]

男の学生と女の学生が話しています。男の学生の家が火事になりかけたのは、どうしてですか。

Ⓕ：あれ、また火事？　この季節、多いね。

Ⓜ：そうだね。暖房使ったりするからね。昨日も駅前のビルであったんだって。誰かが捨てたタバコの火が原因みたいだけど。

Ⓕ：そういうの、許せないね。・・・でも、今、すごく空気が乾燥しているから、気をつけないとね。

Ⓜ：そう言えば、この間、火事になりかけたよ。

Ⓕ：えっ、何、それ!?

Ⓜ：家でカレーを温めてたんだよ、前の晩の残り。時間がかかると思って、コンビニに飲み物買いに行ったら、カレーのことをすっかり忘れちゃって。あわてて戻ったら鍋から煙が出てて、ほんと、焦った。

Ⓕ：危ないなあ。今は大丈夫なの？　何かつけたままにしてない？

Ⓜ：大丈夫だよ。出かける時にちゃんと確認したから。

男の学生の家が火事になりかけたのは、どうしてですか。

【正解】　4

ことばと表現

□**火事になりかけた**　もう少しで火事になるところだった

4番

9 CD3

男の人と女の人が話しています。男の人は、何を頼みますか。

Ⓜ：へー、ここは人気があるんだね。まだ12時前なのに、もう満席だよ。

Ⓕ：早く来てよかったね。

Ⓜ：うん。で、何がおすすめなんだっけ？

Ⓕ：そうね……私はいつも日替わりランチだけど、パスタランチもおいしいらしいよ。ほら、このトマトソースの。結構ボリュームもあるんだって。

Ⓜ：へー。ああ、スープとサラダも付いてるんだね。じゃ、これにしようかな。

Ⓕ：うん。あと、ランチの時間は、プラス100円でコーヒーか紅茶が付けられるけど。

Ⓜ：へー、安いんだね。でも、そうすると1000円超えちゃうなあ。・・・ぼくは飲み物はいいや。

Ⓕ：あ、そう。私は日替わりで、紅茶をつける。じゃあ、決まりね。お店の人、呼ぶよ。

男の人は、何を頼みますか。

【正解】　1

ことばと表現

□**日替わり**　日によってかわる

□**ボリューム**　量

5番

10 CD3

留守番電話のメッセージを聞いています。女の人は、どうして遅れますか。

Ⓕ：あ、山下です。今、電車を降りたんですが、駅の中がすごい人で……。事故か何か、あったみたいです。改札を出るまで、ちょっと時間がかかりそうです。この調子だと、10分くらい遅れるかもしれません。すみません。コンサートには十分間に合うと思います。では、会場の入り口で。

女の人は、どうして遅れますか。

【正解】　2

ことばと表現

□**すごい人**　すごくたくさんの人

6番

11 CD3

レンタルショップで、男の人が店員と話しています。男の人は、今日、どのDVDを借りますか。

Ⓜ：世界遺産についてのDVDはありますか。

Ⓕ：はい、お調べしますので、少々お待ちください。・・・お待たせしました。世界遺産関係のDVDは全部で5点ありますが、うち2点は現在、貸し出し中です。今、お借りになる場合は、『世界遺産　夢の旅』と『世界遺産コレクション』『世界遺産100』の3点がご用意できますが。

Ⓜ：『世界遺産コレクション』は持ってるし、『世界遺産100』は見たことがあるんです。

Ⓕ：では、『世界遺産　夢の旅』になさいますか。

Ⓜ：ええ。それと、ほかの2つはいつ借りられますか。

Ⓕ：『世界遺産入門』が明日、『世界遺産スペシャル』が4日後の予定です。

Ⓜ：わかりました。『入門』のほうはいいですから、『スペシャル』のほうを予約お願いします。

Ⓕ：承知しました。

男の人は、今日、どのDVDを借りますか。

【正解】　2

ことばと表現

□**世界遺産**　world heritage ／世界遗产／세계유산

□**貸し出し中**　be rented out ／租借期间／대출중

□**コレクション**　collection ／收集、珍藏／수집

□**スペシャル**　special ／特别的／스페셜

問題3 （概要理解）

1番 12 CD3

大学で、授業の最後に先生が話しています。

Ⓜ：えー、終わる前にもう一度確認しておきたいと思
います。成績については、第1回目の授業ですで
に説明しましたが、今回提出してもらうレポート
が全体の4割を占めます。締め切りは、今日から
1カ月後とします。10月28日です。提出期限を
過ぎた場合は、基本的には受け取りませんので、
気をつけてください。今回のレポートはメール添
付で、直接、私に送ってください。アドレスはこ
れです。それから、メールの受信トラブルを考え
て、受け取ったら、できるだけすぐに返信をする
ようにします。もし、私から返信が来ない場合は、
もう一度送ってみてください。それでもだめな場
合は、研究室に電話をしてください。えー、以
上です。

主に何についての連絡ですか。

1　レポートのテーマ
2　レポートの書き方
3　レポートの出し方
4　レポートの評価のしかた

【正解】 3

ことばと表現

□**成績**　results ／成绩／성적

□**締め切り**　deadline ／截止日期／마감

□**期限**　time limit ／期限／기한

□**受信**　reception ／收信／수신

□**返信**　reply ／回信／답장

2番 13 CD3

テレビで、女の人が話しています。

Ⓕ：よく、物を捨てられなくて、部屋の中やタンスが
いっぱいという方がいます。そういう方はまず、
整理するメリットを考えてください。掃除が楽に
なる、探しものすぐが見つかる、生活がすっきり
する、などです。それから、物を捨てる基準を作
ってください。最後にいつ使ったか思い出せない

物は処分。10年以上使っていない物も処分。迷
うものはとりあえず箱に入れて、1年使わなかっ
たら処分しましょう。忙しくてなかなかできない、
という方も多いと思いますが、15分でいいから、
毎日、整理の時間を作って、続けてください。だ
んだん捨てられるようになって、部屋もタンスも
すっきりしていきます。

女の人は、主に何について話していますか。

1　物を整理する方法
2　掃除をする目的
3　ごみの捨て方
4　時間の上手な使い方

【正解】 1

ことばと表現

□**整理（する）**　to rearrange ／整理／정리(하다)

□**コツ**　knack, tips ／秘訣／요령

□**メリット**　merit ／优点／장점

□**すっきりする**　to be cleared／爽快、痛快／깔끔히 정리되다

□**基準**　standard ／基准／기준

□**処分（する）**　to dispose ／处理／처분(하다)

3番 14 CD3

テレビで、アナウンサーが話しています。

Ⓕ：次のニュースの前に、先ほどの放送の内容につき
まして、訂正とおわびがございます。昨日起きま
した強盗事件に関する放送の中で、犯人の写真が
出ました際に、事件の前日まで犯人が働いていた
とされる会社の建物の映像が流れました。しかし
実際には、事件とは全く関係のない個人の住宅で
した。関係者の皆様、ならびに視聴者の皆様に
深くおわび申し上げます。

アナウンサーは、どうして謝っているのですか。

1　犯人の個人情報を流してしまったから
2　犯人が勤めていた会社名を間違ったから
3　事件と関係のない建物を映したから
4　事件と関係のない人の写真を映したから

【正解】 3

ことばと表現

□**訂正**　correction ／订正／정정

□**おわび**　apology ／道歉／사과

□**強盗**　robbery ／強盗／강도
□**事件**　case ／事件／사건
□**犯人**　criminal ／犯人／범인
□**映像**　picture ／録像／영상
□**流れる**　映像や音楽が放送される
□**個人**　individual ／个人／개인
□**住宅**　house ／住宅／주택
□**視聴者**　audience ／电视观众／시청자

4番　15 CD3

テレビの番組で、医者が話しています。

M：今年は、お腹に来るかぜが流行っているようです。感染力が非常に強いので、特に、小さいお子さんのいらっしゃるご家庭では、注意が必要です。お子さんに下痢や腹痛、吐き気などの症状が見られた場合は、症状が重くなる前に、お近くの病院で診察を受けるようにしてください。熱を伴うこともありますので、体温も測ってあげてください。予防としましては、やはり、手洗いとうがいが何よりも大切です。日頃からの習慣にしておきましょう。

医者は何について話していますか。
1　流行している病気の症状と予防
2　家庭での手洗いとうがいの方法
3　子供がなりやすい病気
4　子供の体温の測り方

【正解】　1

ことばと表現

□**お腹に来る**　お腹に痛みや症状が表れる
□**感染**　nfection／感染／감염
□**下痢**　diarrhea／腹泻、泻肚／설사
□**腹痛**　stomachache／肚子疼／복통
□**吐き気**　nausea／呕吐／구역질
□**症状**　symptom／症状／증상
□**診察**　medical examination／诊察、诊断／진찰
□**〜を伴う**　be accompanied by 〜／伴随着／~을 동반하다
□**体温**　body temperature／体温／체온
□**測る（体温などを）**　check, take／测量／재다
□**予防**　prevention／预防／예방
□**うがい**　gargle／漱口／양치질

5番　16 CD3

会社で、男の人と女の人が話しています。女の人は、新しいスタッフについてどう思っていますか。

M：今度入った山本さん、どう？
F：山本さん？　ああ、バイトの子ね。私はまだあまり話してないんだけど……。
M：そうなんだ。
F：そうねえ。まだ慣れてないから、ときどき失敗はしてるかなあ。たまに部長に注意されてる。でも、素直に聞いてるよ。毎朝元気に挨拶してくれるし、わからないこともすぐに周りの人に質問してるし。大丈夫だと思うよ。

女の人は、新しいスタッフについてどう思っていますか。
1　よく頑張っているけど、ミスが多い。
2　よく怒られているけど、評判がいい。
3　性格がよさそうなので、特に心配していない。
4　もっと周りの人に聞いて、早く仕事に慣れてほしい。

【正解】　3

ことばと表現

□**スタッフ**　staff ／职员／스태프
□**素直に**　with no protest ／坦率地／순순히

問題4 （即時応答）

1番 17 CD3

Ⓜ：重そうだねえ。どれか持ってあげようか。

Ⓕ：1 あ、じゃあ、これ持ってもらえる？
  2 ええ、じゃあ、これとこれ持ってくれていい？
  3 ありがとう、これだけ持ってあげて。

【正解】 1

2番 18 CD3

Ⓜ：妻がいつもお世話になっております。

Ⓕ：1 いいえ、こちらこそ、お世話になっております。
  2 そうですね、大変お世話になっております。
  3 はい、いろいろありがとうございます。

【正解】 1

3番 19 CD3

Ⓕ：申し込みは来週の水曜日までででいいんですよね。

Ⓜ：1 いえ、水曜でも大丈夫です。
  2 いえ、木曜まで大丈夫です。
  3 いえ、水曜が締め切りですよ。

【正解】 2

4番 20 CD3

Ⓕ：ここはカード、使えますか。

Ⓜ：1 はい、お使いください。
  2 はい、お使い申し上げます。
  3 はい、お使いになれます。

【正解】 3

5番 21 CD3

Ⓜ：町田さん、足、どうしたんですか。

Ⓕ：1 けがをしたかもしれませんね。
  2 もう治っていると思いますよ。
  3 大したことないです。

【正解】 3

6番 22 CD3

Ⓕ：荷物、コインロッカーに入れようか。あ、でも、細かいのがないなあ。ねえ、持ってない？

Ⓜ：1 うん、別にいいよ。
  2 ごめん、大きいのしかない。
  3 そんなに細かくないけど、ちょっとならあるよ。

【正解】 2

ことばと表現

□ **コインロッカー**　coin locker ／投币式小件行李自动存放柜／코인 로커

□ **細かいの**　（お札でなく）小銭　(not bill but)small change ／(不是纸币)零钱／(지폐가 아니라)동전

7番 23 CD3

Ⓜ：先日お電話した田中と申しますが、中村部長、いらっしゃいますか。

Ⓕ：1 はい、中村ですね。少々お待ちください。
  2 はい、中村はいらっしゃいます。少々お待ちください。
  3 はい、中村部長はいらっしゃいます。少々お待ちください。

【正解】 1

8番 24 CD3

Ⓜ：こういうことは、メールじゃなくて、直接言わなきゃ。

Ⓕ：1 すみません。これから気をつけます。
  2 なるほど。それはいいですね。
  3 そうですね。よく気がつきましたね。

【正解】 1

9番 25 CD3

Ⓜ：あれ？　お酒飲めなかったんじゃなかったっけ？

Ⓕ：1 ええ、飲めますよ。
  2 いえ、そんなことないですよ。
  3 いえ、そんなはずないですよ。

【正解】 2

10番 26 CD3

Ⓜ：今度こそ、頑張りたいと思っているんだ。

Ⓕ：1　うん、応援してるよ。

　　2　そんなこと言わずに、もっと頑張ってよ。

　　3　前回もよく頑張ったからね。

【正解】 1

11番 27 CD3

Ⓕ：この前生まれた子猫のうち、1匹は田中さんにも

　　らってもらったんです。

Ⓜ：1　そうなんだ。かわいがってあげてね。

　　2　あの人、ずっとかわいがってたからね。

　　3　そう。あの人ならかわいがってくれるだろう

　　　ね。

【正解】 3

12番 28 CD3

Ⓜ：急に後ろから押されて、グラスを落とすところだ

　　ったよ。

Ⓕ：1　落とさなくて、よかったね。

　　2　あと、もう少しだったのにね。

　　3　割れちゃったんだ。大丈夫？

【正解】 1

ことばと表現

□〜たのに　残念な結果だったときに使う。　例）頑張ったの
に、だめだった。

問題5 （統合理解）

1番　29 CD3

女の人が、市民文化センターに電話して、施設の利用について尋ねています。

Ｆ：あのー、そちらの施設を借りたいんですが。ちょっとした国際交流のイベントをしたいんです。

Ｍ：わかりました。どれくらいの広さをご希望ですか。

Ｆ：参加者が80人くらいだと思いますので、それぐらいの人数が入る部屋がいいんですが。

Ｍ：それでしたら、70名が入る部屋と100名が入る部屋がありますが、100名のほうになさいますか。

Ｆ：ええ。お願いします。

Ｍ：お日にちとお時間は、いつがご希望ですか。

Ｆ：来月の第二土曜日の5時から9時までが希望です。

Ｍ：ああ、その日はあいにく前の団体が6時まで借りていますね。70名用の部屋なら、そのお時間でも大丈夫ですが。あと、早い時間なら空いています。朝9時から3時までです。

Ｆ：そうですか。でも、夜じゃないとだめなんですよ。人数増えるかもしれませんし。6時からで結構です。それでお願いします。

Ｍ：わかりました。

女の人は、何時から何時まで部屋を借りるつもりですか。

1　午前9時から正午まで
2　午前9時から午後2時まで
3　午後5時から午後9時まで
4　午後6時から午後9時まで

【正解】　4

ことばと表現

□**施設**　institution ／设施／시설
□**団体**　group ／团体／단체

2番　30 CD3

男の人と女の人が、テレビの天気予報を見て、話しています。

Ｆ：今日も寒い一日となりました。あすも、県内では雪が降り、山のほうでは積もるでしょう。車でお出かけの際は、事故にご注意ください。しかし、この真冬の寒さも今週いっぱいです。週末の冷たい雨が上がると暖かくなり、日中の気温は3月中旬並みになりそうです。しかし、来週の週末には、また寒さが戻ります。雪は降らないものの、再びコートが必要になります。3月に入るとその寒さも終わり、気温は一気に上がります。第2週のお城祭りのころには、晴れの日が続くでしょう。

Ｍ：2月の週末は、ずっと天気が悪いんだね。

Ｆ：うん。もみじ山の温泉はいつ行く？

Ｍ：うーん……。雪景色の温泉もいいんだけど、車だからね。雪の中運転するのは、ちょっと怖いんだよね。帰りが夜になったりしたら、道が凍って、さらに危ないし。

Ｆ：そうか……。じゃあ、3月になってからにする？天気もいいみたいだし。それか、来週でもいいけど。

Ｍ：だったら早いほうがいいな、やっぱり。雪さえ降らなかったら、大丈夫だから。降らないんでしょ。

Ｆ：うん。じゃあ、そうしよう。

二人は、いつ温泉へ行きますか。

1　今週
2　来週
3　3月の第1週
4　3月の第2週

【正解】　2

ことばと表現

□**真冬**　the depth of winters ／严冬／한겨울
□**日中**　in the daytime ／白天／낮 동안
□**〜並み**　〜 level ／表示同等程度／〜보통

3番　31 CD3

デパートで、男の人と女の人が店員と話しています。

Ｍ　：すみません、ベルトはどこにありますか。

Ｆ1：はい、5階中央の紳士雑貨売り場にございます。

Ｍ　：あのー、カジュアルな服に合うのもありますか。

Ｆ1：専門店ですので、種類はいくつかご用意しております。ただ、ビジネス用のものが中心ではありますので、お客様のお好みに合うものがあるかどうかは……。よろしければ、4階紳士服の各売り場もご覧いただければと思います。置いてある店と置いてない店がございますが。あと

は、本日は7階の催し物会場で紳士服の特別セ
ールを行っておりますので、そちらでお取り扱
いがあるかもしれません。

Ⓜ ：わかりました。どうも。

🅵2：どうする？　何階に行く？

Ⓜ ：とりあえず5階の紳士雑貨のところかなあ。
　　それか、最初から4階に行くか。

🅵2：でも、ひょっとしたら、セール品でいいのがあ
　　るかもしれないよ。ベルト以外に何かあるかも
　　しれないし。一応、見てみたら？

Ⓜ ：そうだね、だめならすぐ降りればいいか。じゃ、
　　本屋さんにいてよ。たしか同じ階にあったから。
　　すぐ呼びに行くよ。

質問1　男の人は、これからどこに行きますか。

質問2　女の人は、これから何階に行きますか。

【正解】質問1）**2**　　質問2）**4**

ことばと表現

□**ベルト**　　belt／皮带／벨트

□**中央**　center／中央／중앙

□**紳士**　gentleman／绅士／신사

□**雑貨**　sundries／杂货／잡화

□**カジュアル（な）**　casual／休闲的／캐주얼(한)

□**専門店**　specialty store／专卖店／전문점

□**ご用意している**　ここでは、「売っている」という意味

□**催し物**　event／文娱活动／행사

□**取り扱いがある**　ここでは、「売っている」という意味

問題1　（課題理解）

1番　32 CD3

会社で、女の人が男の人と電話で話しています。女の人は、このあと何をしますか。

M：あのー、ふじ大学の山下といいますが、青木さんはいらっしゃいますか。

F：申し訳ありません、青木はただ今、外出しておりますが……。

M：そうですか……。お戻りは何時ごろでしょうか。

F：えー、5時の予定になっております。あのー、お急ぎでしたら、連絡をとってお電話させるようにいたしますが。

M：あ……いえ、それは結構です。では、メールを送っておきますので、アドレスを教えてもらえないでしょうか。この前、名刺をいただいたんですが、すぐに出ないもので。

F：かしこまりました。少々お待ちください。・・・

女の人は、このあと何をしますか。

【正解】　2

ことばと表現

□**出ない**　ここでは、すぐに見つからない、の意味

□**コールバック**　電話をかけなおすこと

2番　33 CD3

電話で、男の人と女の人が話しています。女の人は、このあと、まず何をしますか。

F：はい。さくら企画です。

M：あ、林さんですね。山田だけど、今、電車が遅れてて、10時からの会議、ぎりぎりになりそうなんだよ。それで、ちょっとお願いしたいんだけど、いいかなあ。

F：いいですよ。何をすればいいですか。

M：悪いんだけど、僕の机の上に会議用の資料があるから、それを20部コピーしといてくれない？

F：20部ですね。わかりました。

M：あ、一応、課長に参加人数を確認してからのほう

がいいな。まあ、20部あれば十分だと思うけど。あ、それから、資料は先に配っておいて。あまりバタバタしたくないから。

F：わかりました。

女の人は、このあと、まず何をしなければなりませんか。

【正解】　4

ことばと表現

□**ぎりぎり**　limit／极限、毫无余地／빠듯함

□**一応**　for the time being／大致、首先／일단

□**参加者**　participant／参加者／참가자

□**人数**　number of people／人数／인원수

□**ちゃんと**　properly／好好地／제대로

□**念のため**　just to make sure／为了慎重／확인을 위함

3番　34 CD3

研修所で、男の人と女の人が話しています。机の上に置いておくものはどれですか。

M：えーっと、足りないものはないかな。

F：資料はクリアファイルに入れたし。あとは、メモ用紙と、鉛筆と、電卓と……。こんなもんじゃないかな。

M：あ、消しゴムもいるよ。

F：消しゴムは、鉛筆に付いてるからいいよ。

M：あ、飲み物がないよ。

F：明日の朝、届く。

M：間に合わないなんてこと、ないだろうね。

F：いつも使っているところだから、大丈夫よ。今まで特に問題はなかったから。

机の上に置いておくものはどれですか。

【正解】　3

ことばと表現

□**クリアファイル**　clear plastic folder／塑料文件袋／클리어파일

□**メモ用紙**　メモのための紙

□**電卓**　calculator／计算器／계산기

4番

35 CD3

女の人二人が旅行の計画について話しています。一日目はどこに行きますか。

Ⓕ1：一泊二日だと、そんなにいろいろは見られないね。

Ⓕ2：そうね、一日目は現地に12時くらいに着くでしょ。先にホテルに行って荷物預ける？

Ⓕ1：うーん、でも、お昼ご飯どうする？　ホテルはちょっとね……。

Ⓕ2：そうね。じゃあ、先に美術館に行かない？　ほら、レストランもあるみたいだし。

Ⓕ1：いいわね。で、その後はバスで山のふもとまで行って、ケーブルカーで頂上まで行く。チェックインは夕方で。

Ⓕ2：え？　山は午前中の方がいいよ。次の日にしない？　この美術館、きれいな庭もあるそうだから、ゆっくりしようよ。

Ⓕ1：わかった、わかった。じゃあ、そのあとは？　湖を一周する船があるみたいだけど、乗ってみる？

Ⓕ2：うん、それもいいんだけど、湖の周りに遊歩道があるみたいだから、ホテルまで歩かない？　気持ちいいよ、きっと。

Ⓕ1：20分か……。今回はそんなに荷物はいらないし、いいか。

Ⓕ2：うん、軽くして行こう。

一日目はどこに行きますか。

【正解】　1

ことばと表現

□〜泊〜日　読みに注意：二泊三日、三泊四日

□ケーブルカー　cable car／索道、缆车／케이블 카

□頂上　top／山顶／정상

□ぐるっと　around／轱辘辘地、物体连续旋转貌／팽글

□遊歩道　散歩のために作られた歩道

5番

36 CD3

銀行で、男の人と女の人が話しています。男の人は、このあと何をしますか。

Ⓜ：あのー、口座をつくりたいんですが。

Ⓕ：ありがとうございます。本日はご本人確認ができ

るものはお持ちでしょうか。運転免許証か健康保険証、もしくはパスポートですね。それと、公共料金の領収書などですが。・・・こちらの表で、A、Bそれぞれ1つずつ必要になりますが。

Ⓜ：はい。健康保険証と外国人登録証を持ってきました。

Ⓕ：ありがとうございます。では、こちらの用紙にお名前、ご住所などをご記入いただけますか。こちらが見本になります。

Ⓜ：はい。

Ⓕ：記入が終わりましたら、あちらの整理券をおとりになって、お待ちください。順番にお呼びしますので。

Ⓜ：わかりました。どうも。

男の人は、このあと何をしますか。

【正解】　4

ことばと表現

□口座　account／账户／구좌

□運転免許証　driver's license／驾照／운전 면허증

□健康保険証　health insurance card／医疗保险证／건강 보험증

□公共料金　電気やガス、水道などの料金

□記入(する)　to fill out／写入、记入／기입하다

□整理券　rearranging ticket／整理券／정리권

問題2 （ポイント理解）

1番　37 CD3

男の人が電話で本屋の店員と話しています。男の人は、
このあと何をしますか。

Ｍ：あのー、山中出版の『世界の歴史』の第2巻を
　　買いたいんですが。在庫、ありますか。

Ｆ：少々お待ちください、確認しますので。・・・お
　　待たせしました。こちら、在庫がございました。

Ｍ：じゃあ、取っておいてもらえますか。今、1階に
　　いるので、すぐ行きます。

Ｆ：かしこまりました。エレベーター横の、3番のカ
　　ウンターへいらしてください。

Ｍ：えーと、そちらは6階でしたよね。

Ｆ：いえ、5階です。

Ｍ：わかりました。あ、2階でちょっと買うものがあ
　　るので、その後に行きたいんですが、いいですか。

Ｆ：かしこまりました。お待ちしております。

男の人は、このあと何をしますか。

【正解】 3

ことばと表現

□**在庫**　stock ／库存、库存品／재고

2番　38 CD3

男の学生と女の学生が電話で話しています。男の人は、
今どこにいますか。

Ｆ：はい。

Ｍ：あ、田中だけど、今どこ？

Ｆ：大学の食堂。今食べ終わったところ。

Ｍ：あのさー、奨学金の説明会って2号館の301教室
　　だよね。10分前なのに誰もいないんだよ。

Ｆ：あれ？　時間が変更になったの、知らなかった？
　　1時だったのが、2時に変わったんだよ。

Ｍ：えっ、そうなの？

Ｆ：メール来てなかった？　1週間くらい前だったと
　　思うけど。

Ｍ：あー、見てないなあ。そうだったんだ。じゃあ、
　　図書館にでも行って時間つぶすよ。鈴木さんも来
　　るんだよね？

Ｆ：うん。

Ｍ：じゃあ、またあとで。

男の人は、今どこにいますか。

【正解】 3

ことばと表現

□**サークル**　circle ／同好会／서클
□**演劇**　drama ／戏剧、演剧／연극
□**真剣**　earnest ／认真／진지함
□**議論**　argument ／议论、争论／토론
□**ついていけない**　自分の能力や理解を超えていて、同じよ
うにできない

3番　39 CD3

大学で、留学生の男の人と先生が話しています。留学
生の男の人は、先生に何の本を貸してもらいますか。

Ｆ：スミスさん、何の本を持ってるんですか。

Ｍ：ああ、これは全部俳句の本です。日本文学の授
　　業で今、俳句をやっているんです。面白いですね。
　　英語にはこういうの、ないですから。

Ｆ：へー、俳句か……。自分で作ったりするの？

Ｍ：ええ、いくつか作ってみました。でも、やっぱり
　　難しいです。季語とか。

Ｆ：ああ、季節の言葉ね。そうね。じゃ、川柳を作っ
　　たら？

Ｍ：ああ、俳句と似ているんですよね。でも、よくわ
　　かりません。

Ｆ：俳句と同じで五、七、五のリズムだけど、テーマ
　　とか使う言葉は自由なの。毎年、サラリーマン川
　　柳っていう作品コンクールがあるんだけど、そ
　　れなんか、すごく笑えるんだよ。そう言えば、私
　　も高校の時、新聞のコンクールで賞をもらったこ
　　とがある。

Ｍ：へー、すごいですね。どんな川柳だったんですか。

Ｆ：ああ、それは旅行について。夏休みに一人で北海
　　道を旅した時の。スミスさん、今度、本を持って
　　きてあげるよ。いろいろ面白い作品がのったやつ。

Ｍ：えっ、いいんですか。ぜひ！

留学生の男の人は、先生に何の本を貸してもらいま
すか。

【正解】 1

ことばと表現

□**季語**　季節を象徴する言葉　word that indicates a particular season／象征着季节的词语／계절을 상징하는 말

□**リズム**　rhythm／节奏、拍子／리듬
□**笑える**　おかしい

4番

40 CD3

クリーニング店で、女の人が店員と話しています。女の人は、いつスーツを取りに行きますか。

Ⓕ：すみません、これをお願いしたいんですが。
Ⓜ：はい。婦人ものスーツ上下と、コートですね。特にお急ぎのものはありますか。
Ⓕ：えーと、どうしようかなあ。・・・じゃあ、全部急ぎでお願いします。
Ⓜ：全部ですね、はい。では、3点で2300円になります。明日の1時以降にお渡しできますので。
Ⓕ：わかりました。あ、そうそう、スーツの上着なんですが、袖を汚しちゃって……。ここなんですけど、落ちますか。
Ⓜ：ああ、しょうゆか何かですね。
Ⓕ：はい。たぶん、食事の時につけちゃったんだと思うんです。
Ⓜ：うん、これくらいなら、きれいに落ちますよ。ただ、ちょっとお時間をいただいて、お渡しが5時以降になりますけど。よろしいですか。
Ⓕ：あ、それはかまいません。じゃあ、その時にまとめて受け取りますので。
Ⓜ：わかりました。では、お預かりします。

女の人は、いつスーツを取りに行きますか。

【正解】4

ことばと表現

□**〜点**　商品などの物の数を表すときに使う。

5番

41 CD3

電車が急に止まって、アナウンスが流れています。電車が止まった理由は何ですか。

Ⓜ：お客様にお知らせいたします。前を走ります電車に急病のお客様がいらっしゃるということで、ただいま、次のさくら駅で停車をしております。そのため、この電車は、前の電車が駅を発車してか

らの、運転再開となります。お急ぎのところ、まことに申し訳ありませんが、もうしばらくお待ちくださいますよう、お願いいたします。

電車が止まった理由は何ですか。

【正解】3

ことばと表現

□**急病**　急に体の具合が悪くなること
□**再開**　reopening／重开、重新开始／재개

6番

42 CD3

会社で女の人二人が話しています。女の人は、ダンス教室の何がいいと言っていますか。

Ⓕ1：私も何か始めようかなあ。毎日、会社と家を往復しているだけだから。そう言えば、水野さん、ダンス教室に通ってたよね。どういうきっかけ？
Ⓕ2：ああ、前によく体調を崩していた時にお医者さんに言われたのよ、何か運動をしたほうがいいって。でも、ジョギングとか水泳とかだと、続かない気がして。ダンスなら、楽しそうだし、いいかなあと思って。週1回だし。
Ⓕ1：なるほど。で、やってて、どう？
Ⓕ2：いいよ。体の調子は前よりいいし、ちょっとやせたし。
Ⓕ1：ダイエット効果あるの!?
Ⓕ2：多少はあるんじゃない？　ルンバとかサンバとか、いろいろあるけど、どれもけっこう激しいからね。
Ⓕ1：へー。男の人と組んで踊るんだよね。
Ⓕ2：そう。いろんな人がいるよ。お医者さんもいれば、おまわりさんもいるし。女の人もそう。モデルさんとか、着物の先生とか。そういう人たちと話をするのが、けっこう刺激になっておもしろい。うん、その点はおすすめだな。
Ⓕ1：へー。なんだか楽しそう。

女の人は、ダンス教室の何がいいと言っていますか。

【正解】3

ことばと表現

□**体調**　physical condition／身体情况／몸 컨디션
□**効果**　effect／效果／효과
□**刺激**　stimulation／刺激／자극

問題3 （概要理解）

1番　43 CD3

デパートでアナウンスが流れています。

Ⓜ：お客様にご案内申し上げます。本日は雨の中、ご来店いただきまして、まことにありがとうございます。本日は、各階売り場、特設会場など、全館におきまして、雨の日セールを実施いたしております。店内商品の全品が、10パーセントオフでお買い求めいただけます。さくら屋メンバーズカードをご利用の場合、ポイントが2倍になり、さらにお得になっております。どうぞこの機会をご利用ください。

アナウンスの主な内容は何ですか。
1　客への日頃の感謝
2　デパートの会員カードの宣伝
3　すべての商品が安く買えること
4　ほかのデパートより得だということ

【正解】　3

ことばと表現
□**特設会場**　special venue ／特设会场／특설회장
□**実施（する）**　実際に行う
□**全館**　施設内のすべての場所　everywhere in the facility
　／设施内所有的场所／시설 내의 모든 장소
□**全品**　すべての商品
□**オフ**　discount ／折扣／오프　※英語の「off」から

2番　44 CD3

留守番電話のメッセージを聞いています。

Ⓜ：高橋です。たぶん、今、現地に向かっている途中だと思うんですが、さっき先方から電話がありまして、打ち合わせの時間を30分後ろにずらしてほしいとのことでした。ですので、3時半からになります。5分前に、予定通り受付のあたりで会いましょう。私は10分くらい前に着くように行きます。それから、これを聞いたら、念のため、メールか電話をください。では、後ほど。

何についてのメッセージですか。

1　打ち合わせの時間が変わったこと
2　打ち合わせの時間に少し遅れること
3　待ち合わせの場所を変えてほしいこと
4　待ち合わせの時間に少し遅れること

【正解】　1

ことばと表現
□**現地**　（物事が起こっている・行われている）その場所
□**先方**　（目の前にいない）相手の人・会社など
□**（時間を）ずらす**　to push back, to delay／错开／겹치지 않게 옮기다
□**念のため**　Just to make sure ／为了慎重／확인을 위함
□**後ほど**　「あとで」のていねいな言い方

3番　45 CD3

女の人がペットについて話しています。

Ⓕ：最近、ペットを飼う人が増えていますね。町でも公園でも、かわいいワンちゃんを連れた方をよく見かけます。ただ、飼い主さんと同じような服を着せられて、ちょっと動きにくそうにしているワンちゃんを見ると、なんだか複雑な気持ちになりますね……。それから、家族の一員として扱うことは、ペットにとっても幸せなことだとは思いますが、飼い主の中には、食事の際に、欲しがるから、かわいそうだからといって、ついつい自分が食べている物をあげてしまう人がいます。しかし、それが原因で太ったり、ついには病気になったりと、ペットを苦しめる結果にもなっています。ペットを大切にする、ということを間違えて理解している人が多いことを、大変残念に思います。

女の人は、何が残念だと言っていますか。
1　飼い主とペットが一緒に食事すること
2　飼い主がペットをかわいがりすぎること
3　ペットが飼い主のおもちゃになっていること
4　太ったり病気になったりするペットが多いこと

【正解】　2

ことばと表現
□**飼い主**　ペットを飼う人
□**一員**　グループなどのメンバー
□**ついつい／つい**　spontaneously, despite oneself／不知不觉地,无意之中／무심코

46

4番

46
CD3

社内でアナウンスが流れています。

Ⓕ：管理部よりお知らせします。本日午後3時より、各フロアで空調の点検を行います。通路に機材を置きますので、近くを歩くときはご注意ください。また、場所によっては、荷物の移動などをお願いすることがありますので、その際はご協力ください。なお、3時以降はしばらくの間、空調が一時的に使用できなくなります。作業終了は4時半の予定です。何かありましたら、管理部までご連絡ください。以上、管理部からのお知らせでした。

アナウンスの主な内容は何ですか。
1　作業の前に荷物を移動してほしいこと
2　通路を歩くときに気をつけてほしいこと
3　空調のチェックをすること
4　空調の修理をすること

【正解】3

ことばと表現

□**フロア**　floor ／（楼层的）层／층
□**空調**　air conditioning ／空调／공기 조절
□**点検**　check ／检修／점검
□**機材**　machine parts ／器材／기재
□**移動**　movement ／移动／이동
□**一時的**　temporary ／一时的／일시적
□**管理**　management ／管理／관리

5番

47
CD3

女の人が男の人と話しています。

Ⓜ：聞いたよ。佐藤さんと結婚するんだって？　おめでとう。
Ⓕ：あ、彼、しゃべったんですね。
Ⓜ：昨日聞いたばっかり。で、仕事はどうすんの？
Ⓕ：それなんですが……。結婚したからって、仕事を辞めるつもりはなくて……。でも、今のままだと残業も多いし、新しいうちに引っ越したら通勤に2時間近くかかるから、ちょっと大変かなあと思うんです。で、どうにかして、週のうち2日か3日を自宅勤務にしてもらえないか、今、部長に相談中なんです。

Ⓜ：そうなんだ。うまくいくといいね。

女の人は、仕事についてどう思っていますか。
1　働き方を変えて、今の会社で働きたい。
2　仕事の量を減らして、今の会社で働きたい。
3　もう少し家から通いやすい会社で働きたい。
4　もう少し残業の少ない会社で働きたい。

【正解】1

ことばと表現

□**結婚したからって**　「結婚したからといって」が短くなった形。結婚したからという理由で
□**自宅**　自分の家

問題4 （即時応答）

1番 48 CD3

Ⓜ：あの、よかったら、このかさを使ってください。

Ⓕ：1　ええ、結構です。

　　2　いいんですか。すみません。

　　3　どうぞ気にしないでください。

【正解】2

2番 49 CD3

Ⓕ：すみません、ここで写真をとってもいいでしょうか。

Ⓜ：1　ええ、ここでかまいません。

　　2　ええ、ここを押せばいいんですね。

　　3　いえ、ここではだめです。

【正解】3

3番 50 CD3

Ⓕ：夏休み、どうしようかなあ。

Ⓜ：1　アルバイトでもしたら？

　　2　まあ、しかたないと思う。

　　3　どうしたらいいか、わからない。

【正解】1

4番 51 CD3

Ⓜ：倉庫は、しばらくカギを開けたままにしておいたほうがいいね。

Ⓕ：1　わかりました。そうしてあげます。

　　2　わかりました。そうしてやります。

　　3　わかりました。そうしておきます。

【正解】3

5番 52 CD3

Ⓕ：今、ちょっといい？　たいしたことじゃないんだけど。

Ⓜ：1　いや、たいしたものだよ。

　　2　うん、いいよ。

　　3　そう？　そんなことないよ。

【正解】2

6番 53 CD3

Ⓜ：ねえ、このあと、空いてる？

Ⓕ：1　うん、誰もいないと思うけど。

　　2　前なら、ちょっと空いてるけど。

　　3　あ、ごめん、ちょっと行くところがあって。

【正解】3

7番 54 CD3

Ⓕ：あ、お久しぶりです。お変わりありませんか。

Ⓜ：1　はい、お疲れさまです。

　　2　ええ、おかげさまで。

　　3　いえ、もう結構です。

【正解】2

ことばと表現

□ **お変わりありませんか**　「何かこれまでと変わったことなどはありませんか」「最近、どうですか」

8番 55 CD3

Ⓕ：もう、こんなところにくつした、脱ぎっぱなしにして……。

Ⓜ：1　ごめん、そんなつもりじゃなかったんだ。

　　2　あ、ごめん。洗濯機に入れといてくれない？

　　3　ごめん、すぐ脱ぐから。

【正解】2

9番 56 CD3

Ⓕ：さっき私のとなりに座ってた人、ほんと、頭に来るんだから。

Ⓜ：1　どうしたの？

　　2　どうなの？

　　3　どうするの？

【正解】1

ことばと表現

□**頭に来る**　怒る、腹が立つ　get angry ／生气、发怒／화가 나다

10番　⁵⁷ CD3

Ⓜ：田中さんの頼みなら、聞かないわけにはいかないでしょう。

Ⓕ：1　そう言わずに、なんとかお願いします。

　　2　いえ、たまに聞くこともありますよ。

　　3　ありがとうございます。よろしくお願いします。

【正解】 3

ことばと表現

□**～ないわけにはいかない**　必ず～する

11番　⁵⁸ CD3

Ⓕ：ごめん、次の会議って、いつだったっけ？

Ⓜ：1　ああ、昨日の午後だったよ。

　　2　えっと、来週の木曜だよ。

　　3　そうですね、いつでも結構ですよ。

【正解】 2

12番　⁵⁹ CD3

Ⓜ：禁煙したのはいいけど、最近、太ってきちゃって。

Ⓕ：1　そんなことないんじゃないですか。

　　2　いえいえ、それほどでもないです。

　　3　なるほど、確かにそうですね。

【正解】 1

ことばと表現

□**それほどでもない**　（能力や程度が）そんなにすごくはない

※ほめられたときによく使う。

問題5（統合理解）

1番　60 CD3

女の人が友だちと話しています。

Ｆ1：今週の土曜日、ふじ屋でセールがあるんだけど、行かない？

Ｆ2：ああ、ふじ屋のセール。去年行ったね。ブランド物が結構安く買えたんだよね。行きたいけど、どうしようかなあ。

Ｆ1：都合悪いの？

Ｆ2：実はその日、上野に「ピカソ展」を見に行こうと思ってたのよ。

Ｆ1：そうなんだ。

Ｆ2：セールは何時から何時まで？

Ｆ1：確か10時から5時までだったと思うけど。

Ｆ2：場所、横浜でしょ？　ちょっと遠いんだよね。しかも両方、人ごみがすごそうだし。やっぱり二つは無理だなあ。

Ｆ1：「ピカソ展」はいつまでなの？

Ｆ2：日曜日まで。でも、最終日はすごく混むから、それで土曜日に行こうと思ったの。セールは、日曜はやってないの？

Ｆ1：やってるよ。でも、早く行ったほうがいい物があると思うよ。

Ｆ2：そうだよね。…わかった。じゃ、一緒に行くよ。「ピカソ展」は次の日、なるべく早い時間に行くことにする。

女の人は、今週の土曜日、どうしますか。

1　ピカソ展だけに行く
2　セールだけに行く
3　ピカソ展に行ってから、セールに行く
4　セールに行ってから、「ピカソ展」に行く

【正解】2

ことばと表現

□**ブランド**　brand／品牌／상표

2番　61 CD3

家族3人が、母親の仕事について話しています。

Ｆ1：さくら、お母さんね、来月から仕事始めようか

と思ってるの。さくらも中学生になったしね。

Ｆ2：ふーん、いいんじゃない。私は賛成。お父さんは？

Ｍ：ああ、お父さんはもう知ってるんだ。前からお母さん、そろそろまた仕事したいって言っててね。もちろん、お父さんも賛成だよ。

Ｆ2：そうなんだ。で、どんな仕事？

Ｆ1：仕事はね、歯医者さんの受付。ほら、駅前に新しいビルができたでしょ。あそこに歯医者さんが入るんだけど、医院長がお母さんの高校の時の同級生なの。

Ｆ2：へー。でも、何で働きたいって思ったの？

Ｆ1：お母さんも以前は営業の仕事をバリバリやってて、男性に負けないくらい働いてたのよ。でも、お父さんの転勤がきっかけで辞めて、子育てもあったから、全く仕事をしなくなっちゃって……。でも、あなたも大きくなって、ちょっと自分の時間もできて、昔の友だちとも会うようになったら、みんな働いてるのよ。その歯医者さんもね。

Ｆ2：医院長って、女の人なんだ。

Ｆ1：なんだか、みんなきれいで、いきいきしてるのよね。

Ｆ2：へー、すごいね。

Ｍ：いいことだと思うよ。お母さんがもっときれいになるかもしれないんだから。

Ｆ1：だから、二人とも、これからも家のこと、ちゃんと手伝ってね。

Ｍ・Ｆ2：はいはい。

お母さんはどうして働こうと思ったのですか。

1　お父さんが転勤になったから
2　働いている友だちがすてきに見えたから
3　友だちがいい仕事を紹介してくれたから
4　自由な時間を持てるようになったから

【正解】2

ことばと表現

□**同級生**　classmate／同级生／동급생

□**バリバリ**　energetically／麻利地处理事务状／가득

□**負けない**　同じくらい

□**転勤（する）**　to transfer／调动工作／전근(하다)

□**きっかけ**　opportunity／契机／계기

□**いきいき**　lively／生气勃勃、活泼／생생한

□**家事**　housework／家务事／가사

3番 **62** CD3

女の人と友達が、料理教室でコースの説明を聞いています。

Ⓜ1：ホームパーティーなど、お客様をもてなすときのちょっとぜいたくな料理、ちょっと手の込んだ料理を学んでいただくのが「おもてなしコース」です。和食、洋食、中華に世界の代表的な料理を加え、幅広く扱います。次は「家庭料理コース」です。和食を中心に、家族と食べる毎日のおかずをご紹介します。ほっとする"日本の味"を身につけます。3つめは「イタリア料理コース」で、さまざまなパスタ料理とピザのおいしい焼き方などが覚えられます。4つめは「お菓子とデザートコース」です。ケーキやクッキーなどのほか、和菓子も作れるようになります。

Ⓜ2：これ、いいね。毎週おいしいお菓子が食べられるよ。

Ⓕ：でも、これ、午前のコースだから、お昼が食べられなくなる。

Ⓜ2：それもそうだね。じゃあ、おもてなし？

Ⓕ：いいけど、高いよ、きっと。材料費が結構かかるんじゃない？

Ⓜ2：ほんとだ。ほかのよりかなり高い。わかった、家庭料理だ。基本だよね、男でも将来役に立つし。

Ⓕ：うん。和食は健康にいいしね。

Ⓜ2：ああ、でも、ちょっと待って。イタリアンも魅力だなあ。前から習いたかったんだよね。パスタ、好きだから。

Ⓕ：私はやっぱり、最初は基本を身につけたいな。で、次回、おもてなしに挑戦する。

Ⓜ2：じゃ、ぼくがおいしいトマトソースのパスタを作ってあげるから、おいしい肉じゃがとかおいしい煮物とか食べさせてよ。

1）女の人は、どのコースを選びましたか。

2）男の人は、どのコースを選びましたか。

【正解】　1）**1**　　2）**3**

ことばと表現

□**もてなす（客を）**　entertain／招待、请客／대접하다

□**ぜいたくな**　sumptuous／奢侈的／사치스런

□**(お)もてなし**　「もてなす」の名詞の形

□**手が込む**　be intricate／精致／세공이 복잡하다

□**代表的な**　typical／代表性的／대표적인

□**幅広く**　widely／幅度宽地、广泛地／폭넓게

□**身につける**　ここでは「覚える」の意味

正解

● 実戦練習

問題1		問題2		問題3		問題4			
1	1	1	1	1	2	1	1	21	2
2	1	2	2	2	2	2	2	22	1
3	3	3	2	3	3	3	3	23	3
4	1	4	2	4	1	4	1	24	1
5	2	5	3	5	1	5	2	25	1
6	4	6	3	6	2	6	1	26	2

問題1		問題2		問題3		問題4		問題5	
7	2	7	2	7	4	7	2	1	3
8	4	8	1	8	1	8	1	2	2
9	2	9	1	9	1	9	2	3	3
10	1	10	2	10	1	10	1	4	2
11	1	11	3	11	4	11	1	5	1
12	4	12	2	12	2	12	1	6	1
13	1	13	1	13	2	13	3	7	2
14	1	14	2	14	3	14	3	8	4
15	4	15	1	15	4	15	1	9	2
16	3	16	4	16	4	16	3	10	4
17	4	17	1	17	2	17	3		
18	3	18	2	18	2	18	3		
19	2			19	1	19	2		
20	4			20	1	20	3		

● 第1回模擬試験

問題1		問題3			
1	3	1	3	7	1
2	1	2	1	8	1
3	4	3	3	9	2
4	2	4	1	10	1
5	2	5	3	11	3
				12	1

問題2		問題4		問題5	
1	4	1	1	1	4
2	1	2	1	2	2
3	4	3	2	3	2
4	1	4	3		4
5	2	5	3		
6	2	6	2		

● 第2回模擬試験

問題1		問題3			
1	2	1	3	7	2
2	4	2	1	8	2
3	3	3	2	9	1
4	1	4	3	10	3
5	4	5	1	11	2
				12	1

問題2		問題4		問題5	
1	3	1	2	1	2
2	3	2	3	2	2
3	1	3	1	3	1
4	4	4	3		3
5	3	5	2		
6	3	6	3		